D1317263

AUX LIMITES DU CORPS

Les merveilles de la performance humaine • Par Jeffrey Crelinsten

REGARD SUR LE MONDE

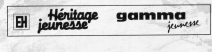

EH Héritage jeunesse gamma jeunesse

BIBLIOTHÈQUE
Collection —
Ressource
VILLE DE MONTRÉAL

ARTURO
GARCIA

RETIRÉ DE LA COLLECTION
DE LA
BIBLIOTHÈQUE DE LA VILLE DE MONTRÉAL

Ce livre a été écrit d'après le film Extrêmes Limites tourné en OMNIMAX, une production du Museum Film Network et de NOVA/WGBH Boston, MacGillivray Freeman Films, producteurs, d'après un scénario de Jon Boorstin.

Compilation des textes et des illustrations
Copyright © 1992 Somerville House Books Ltd.
Textes Copyright © 1992 par Jeffrey Crelinsten
Photographies IMAX ® du film *Extrêmes Limites*
Copyright © 1989 par Museum Film Network et
WGBH Educational Foundation.

Tous droits réservés. Aucune section de cette
publication ne peut être reproduite de quelque
façon que ce soit sans la permission écrite de
l'éditeur, sauf pour de brefs passages cités dans
des articles de critiques littéraires.

Adaptation française d'Élise Cartier
© Les éditions Héritage inc. 1994
Tous droits réservés
Dépôts légaux : 2e trimestre 1994
Bibliothèque nationale du Québec
Bibliothèque nationale du Canada
ISBN : 2-7625-7464-1

Exclusivité en Europe :
Éditions Gamma Jeunesse, Tournai, Belgique
1994
D/1994/0195/42
ISBN : 2-7130-1599-5

IMAX ® est une marque déposée de la corpo-
ration Imax, 38, rue Isabella, Toronto (Ontario)
M4Y 1N1

Imprimé à Singapour
Conception graphique : Andrew Smith et
Annabelle Stanley/Andrew Smith Graphics Inc.
Illustrations : David Chapman
Index : Heather L. Ebbs

Bien que le masculin soit utilisé dans le texte,
les mots relatifs aux personnes désignent aussi
bien les hommes que les femmes.

L'auteur désire remercier Paula Crelinsten (qui
a supporté toutes les longues soirées de travail)
ainsi que les personnes suivantes pour leurs
commentaires et leurs conseils : docteur Anne
Agur, du département d'anatomie de
l'Université de Toronto ; David Moore, coor-
donnateur d'éducation physique à la commis-
sion scolaire d'Etobicoke et un fervent de
l'escalade en rocher ; Jenny Glickman, qui a
effectué une grande partie de la recherche
initiale pour ce livre ; Erica Glossop, pour ses
observations dans le domaine du ballet ; Betty
Oliphant, de l'École nationale de ballet à
Toronto, pour ses commentaires pour le
chapitre 4 ; et Colleen Zilio, de Science North.

Ce livre constitue une introduction au corps
humain pour les enfants. Lorsqu'un enfant
apprend une matière nouvelle, il est important
qu'il soit guidé par des adultes, qu'il s'agisse de
membres de la famille, d'éducateurs ou d'amis.
Cela s'avère encore plus important lorsque
l'enfant découvre des façons nouvelles et
inusitées d'utiliser son corps ; parmi ces nou-
veautés peuvent figurer des éléments difficiles à
exécuter et pouvant causer un stress mental et
physique. Assurez-vous que les enfants sous
votre responsabilité reçoivent la surveillance
et les conseils nécessaires selon leur âge, leur
taille, leur habileté, leur jugement et leur
maturité.

En page couverture : *Tony Yaniro utilise
une technique spéciale pour escalader la
paroi escarpée d'un rocher.*

En page titre : *Tony Yaniro suspendu
sous un surplomb dans le cañon du
Yosemite.*

Page de droite : *Maria Walliser lors
d'une descente, à Aspen.*

VILLE DE MONTRÉAL

3 2777 0301 6357 5

SOMMAIRE

TON CORPS, UNE MERVEILLE !

Posté loin au champ gauche, tu rêvassais lorsque soudain: crrrrrac! Le frappeur a cogné la balle! Mais où est-elle? Tout à coup, tu l'aperçois qui décrit une courbe, très haut dans les airs. Elle arrive vers toi! Si tu ne te précipites pas tout de suite au champ centre, elle te passera par-dessus la tête.

Alors ton corps passe à l'action: tes jambes et tes bras battent l'air, ton cœur martèle ta poitrine, tu inspires, tu expires. Tout fonctionne ensemble.

La plupart du temps, surtout au repos, on ne s'aperçoit pas que le corps accomplit une quantité de choses remarquables. Mais lorsqu'il faut faire un effort, c'est autre chose! En courant à toute vitesse vers la balle, tu as dû remarquer combien ton corps travaille. Ton cœur bat, tes poumons pompent l'air. Tu sens peut-être même de la sueur sur ta peau, signe que ton corps essaie de maintenir sa température.

Le corps est la machine idéale pour effectuer une multitude de mouvements: courir, sauter, culbuter, etc. Lorsqu'un athlète fait un saut en longueur, son corps joue une véritable symphonie de mouvements, de réactions chimiques et d'activités électriques.

C'est la même chose pour toi qui cours attraper la balle. Tu ne t'en aperçois peut-être pas, mais des milliers de composantes s'activent ensemble pour te faire bouger.

Ton squelette supporte ton corps. Il te donne ta forme générale et protège tes organes internes. C'est sur lui que reposent la peau et les parties externes du corps. Tes os sont reliés aux articulations qui fonctionnent comme des charniè-res et permettent aux os de bouger dans plusieurs sens.

Les muscles du squelet-te sont rattachés aux os. Lorsqu'un muscle se con-tracte, il devient plus petit, ce qui fait bouger une partie de ton corps. Regarde tes jambes, par exemple. Elles vont de haut en bas lorsque tu cours vers la balle. Tu plies tes genoux en contrac-tant tes jarrets et tu les déplies en contractant tes quadriceps. Ce mouvement étire aussi tes jarrets

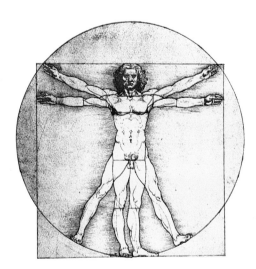

Ci-dessus: Depuis des siècles, le corps fascine les peintres et les sculpteurs. Il y a plus de 400 ans, Léonard de Vinci (1452-1519) a dessiné cette célèbre illustration intitulée Les Proportions de l'homme.

À gauche: Babe Ruth, peut-être le plus grand frappeur de tous les temps, regarde monter la balle qu'il vient de cogner. Son corps tourne encore sous la puissance de son élan.

Page de gauche: Tony Yaniro planifie soigneusement son prochain déplacement avant de continuer à grimper l'imposante paroi de ce rocher.

DES ATHLÈTES CHEZ LES ANIMAUX

Chez les animaux, il existe des athlètes qu'aucun être humain ne pourrait jamais battre. Le colibri à gorge rubis franchit les 2 400 km au-dessus du golfe du Mexique en 24 heures. Sa vitesse moyenne est de 100 km/h. Aussi rapide qu'un train ! Les marathoniens olympiques prennent plus de deux heures pour franchir environ deux pour cent de cette distance. Les animaux sont aussi de meilleurs sprinters. Le champion olympique Carl Lewis détient le record mondial du sprint : 100 m en 9 secondes. Cela constitue une vitesse moyenne d'un peu plus de 10 m/s. En deux secondes, un guépard peut atteindre 72 km/h, ou 20 m/s, ce qui constitue deux fois la vitesse moyenne du sprint de Carl. Lors d'une poursuite, le guépard peut pousser jusqu'à 112 km/h, soit trois fois la vitesse moyenne de Carl.

Autre comparaison de taille : le meilleur sauteur à la perche franchit cinq fois sa grandeur, mais une puce saute 200 fois sa propre taille en un seul bond !

Bien que les animaux affichent de meilleures performances pour une activité en particulier, les humains excellent par contre dans une variété d'activités. Nous pouvons courir, nager, sauter, lancer des objets, etc. Le corps humain est très bien conçu pour une diversité de tâches physiques. C'est une des raisons pour lesquelles nous nous adaptons à plusieurs habitats et conditions de vie.

qui sont ainsi prêts à se contracter de nouveau. Chaque mouvement s'accomplit grâce aux muscles qui, en se contractant, tirent sur les os.

Où tes muscles ont-ils puisé l'énergie pour si bien courir ? Lorsque tu as pris ton petit déjeuner, tu as fait exactement comme un conducteur qui met de l'essence dans sa voiture. Une fois avalée, la nourriture sera transformée en carburant pour tes muscles et les autres parties de ton corps.

Des substances chimiques dans ton estomac décomposent la nourriture. Les hydrates de carbone sont emmagasinés dans les cellules des muscles et du foie et le gras, dans les cellules adipeuses. Les muscles transforment ces deux types de carburants en énergie. Mais pour bien le faire, ils ont besoin d'oxygène. Heureusement, l'atmosphère qui nous entoure se compose de 21 % d'oxygène. Tu peux sentir l'air sur ton visage lorsque tu cours. À chaque inspiration, l'air entre dans tes poumons. L'oxygène de l'air va ensuite de tes poumons jusqu'à tes cellules sanguines.

Ton cœur, qui bat à tout rompre dans ta poitrine, pompe le sang à travers des tubes appelés artères jusqu'aux différentes parties de ton corps. Lorsque tu cours, il faut beaucoup d'oxygène à tes muscles. Tes poumons et ton cœur doivent alors fournir un effort spécial.

Le frappeur l'a vraiment cognée loin, cette balle ! En courant, tu commences à sentir une crampe au côté.

Page de droite : *Même lors d'un simple match de basket-ball entre amis, ton cœur et tes poumons peuvent travailler très fort.*

AS-TU LA FORME ?

Lors d'une promenade, tu peux vite voir qui est en bonne forme physique et qui ne l'est pas. Ceux qui sont en forme respirent de façon plus régulière. Ceux qui ne le sont pas halètent et soufflent fort.

Si tu pouvais visiter l'intérieur de leur corps, tu verrais d'autres différences. Les poumons de la personne en forme sont efficaces et silencieux. Mais chez les gens en mauvaise forme, les systèmes internes doivent travailler beaucoup plus fort pour aller chercher l'oxygène et l'amener jusqu'aux muscles.

Ton cœur fait circuler ton sang. En premier, il se contracte et chasse le sang vers les artères. Les parois élastiques des artères s'étirent pour faire de la place à ce supplément de sang. Ensuite, le cœur se décontracte et la poussée de sang en provenance du cœur ralentit un instant. Les artères se reposent. Ensuite, le cœur se contracte à nouveau et pousse une autre quantité de sang dans les artères.

Il en résulte que la circulation du sang dans les artères se fait suivant un mouvement appelé pulsation : flux, relaxation, flux, relaxation. Les artères s'élargissent et se relaxent au même rythme. Ce rythme, c'est notre pouls.

À quelques endroits, les artères passent près de la surface de la peau. Pour sentir ton pouls, mets ton doigt sur un des endroits suivants : la face interne du poignet près du pouce ou sur ta gorge, de chaque côté de la pomme d'Adam.

Lorsque tu sens bien les pulsations, compte-les pendant dix secondes. Multiplie ensuite ce chiffre par six pour obtenir le nombre de battements par minute. Ce chiffre correspond à ton pouls au repos qui a, en général, entre 60 et 80 pulsations par minute. Chez un athlète, le pouls au repos est beaucoup plus bas : 40 pulsations pour un nageur bien entraîné et parfois encore moins chez un coureur de fond.

Avec ton pouls, mesure le travail nécessaire pour différentes activités : rester assis ou couché, se tenir sur une jambe, marcher, courir, monter des escaliers, etc. Plus les muscles travaillent, plus le pouls est élevé. Mais si tu es en bonne condition physique, ton cœur n'aura pas à battre trop vite pour travailler fort. Compare ton pouls avec celui de tes amis, au repos et lors d'activités. Qui est le plus en forme ?

L'entrée du cœur, vue à l'aide d'un tube télescopique spécial en acier.

Ton corps est un merveilleux système complexe pouvant accomplir les choses les plus extraordinaires. Mais, comme un vélo de haute performance, si tu ne t'en sers pas pendant des semaines et si tu le négliges, il ne fonctionnera plus aussi bien.

La plupart d'entre nous n'exerçons pas beaucoup notre corps. Nous l'utilisons tout juste ce qu'il faut. On prend la voiture au lieu de marcher. Et pourquoi courir si ce n'est pas absolument nécessaire ? Alors le corps ne travaille pas très fort.

L'exercice développe le corps. Les poumons inspirent l'air plus vite ; le cœur est plus efficace et même parfois plus gros ; le sang circule plus facilement ; les muscles sont plus robustes et travaillent mieux. C'est pour cela que, d'habitude, tu te sens mieux si tu fais de l'exercice régulièrement.

Plus on l'utilise, plus le corps change. C'est le cas chez les athlètes qui s'entraînent pour accomplir les meilleures performances possible. Un coureur veut aller toujours plus vite. Un sauteur à la perche veut aller toujours plus haut. Un joueur de base-ball veut frapper un coup de circuit et attraper des chandelles. Le corps de l'athlète change selon le sport qu'il pratique. Un lutteur développe les muscles de ses bras et de son torse. Le coureur a des jambes puissantes et son cœur est fort. En général, les athlètes ont une forme spectaculaire.

Page de droite : *Vue microscopique des capillaires du tissu humain. Les grosses bulles sont des cellules adipeuses.*

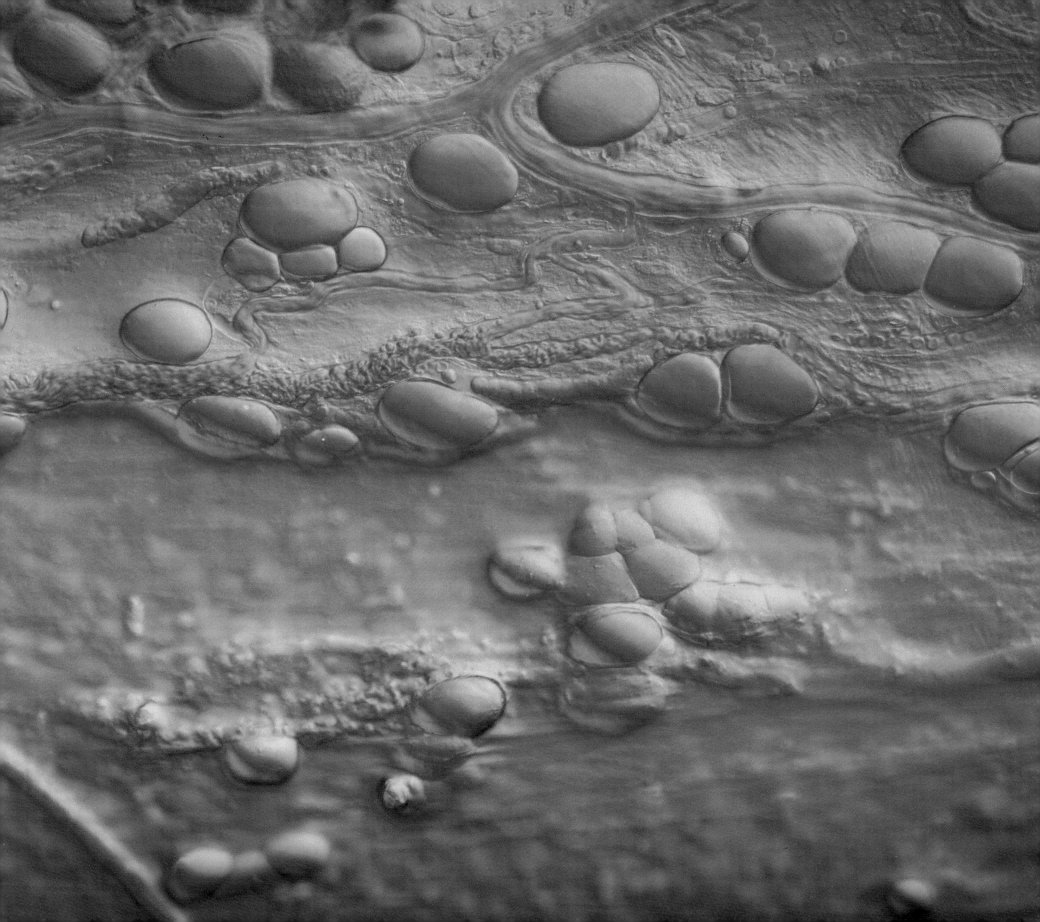

L'entraînement pour un sport professionnel est très dur. Il faut faire travailler tout son corps, et même son esprit. Certains disent que l'aspect mental du sport constitue un des éléments les plus importants de l'entraînement. Un athlète doit pouvoir se concentrer. Il doit être conscient de son corps et de ses mouvements. Et il doit être alerte à tout instant.

Tu combats la douleur et tu te concentres sur la balle. Tu entends les clameurs de la foule. La balle est là ! Tu ralentis. La voilà ! Tu étends le bras, le gant ouvert, et… tu l'as !

Après l'avoir relancée, tu te rends compte que ton cœur bat toujours très fort, que ta poitrine se soulève à grands coups et que tu respires rapidement. Il faudra quelques instants pour que ton corps reprenne un rythme normal.

UN COUP D'ŒIL À L'INTÉRIEUR

Un « bouquet » de fibres optiques. Chaque petit cylindre, mince comme un cheveu, conduit la lumière. Les fibres optiques peuvent servir à voir à l'intérieur du corps humain.

Tu ne peux regarder à l'intérieur de ton corps pour voir ce qui ne va pas — mais le médecin, lui, le peut !

En 1957, deux scientifiques américains ont construit le premier fibroscope pour voir à l'intérieur de l'estomac et de l'œsophage (le tube qui relie la gorge à l'estomac). Depuis, d'autres instruments ont été conçus afin d'examiner l'intérieur du corps.

Les savants ont pu concevoir le fibroscope à la suite de l'invention de la fibre optique. Mince et flexible, elle ressemble aux filaments d'une toile d'araignée. Elle est en verre très pur, fait de silice. Si on allume une lumière à un bout, le faisceau voyagera le long de la fibre pour sortir à l'autre bout.

La vitre d'une fenêtre laisse passer la lumière mais en absorbe aussi une bonne partie. Si cette vitre était aussi épaisse qu'un éléphant, très peu de lumière passerait au travers. La fibre optique laisse passer 10 000 fois plus de lumière que le verre ordinaire. Si tu allumais une lumière à un bout d'une fibre optique longue comme plusieurs pâtés de maisons, tu verrais quand même la lumière sortir à l'autre bout.

Un fibroscope se compose de deux paquets de fibres optiques. Chaque paquet est constitué de milliers de fibres mais mesure moins d'un millimètre de diamètre. Le médecin allume la lumière à un bout d'un des paquets. La lumière est reflétée par ce qu'il y a à l'autre bout et revient par le second paquet de fibres optiques. Chaque fibre transporte une petite section de l'image et, ensemble, elles reproduisent une image complète. Le médecin regarde par une lentille et voit ce qui se trouve à l'intérieur du corps.

Le corps est une machine fantastique. Il peut accomplir des exploits étonnants. Mais pour y arriver, il faut apprendre à bien s'en servir. Si tu le veux, ton corps accomplira de petits miracles — comme lorsque tu as couru et attrapé cette balle !

Ci-dessus : *Quel attrapé ! Ty Cobb fut un des plus grands de l'histoire du base-ball américain. Son incroyable carrière a duré 24 ans, de 1905 à 1928.*

Page de droite : *Des milliers de personnes participent au célèbre marathon de New York.*

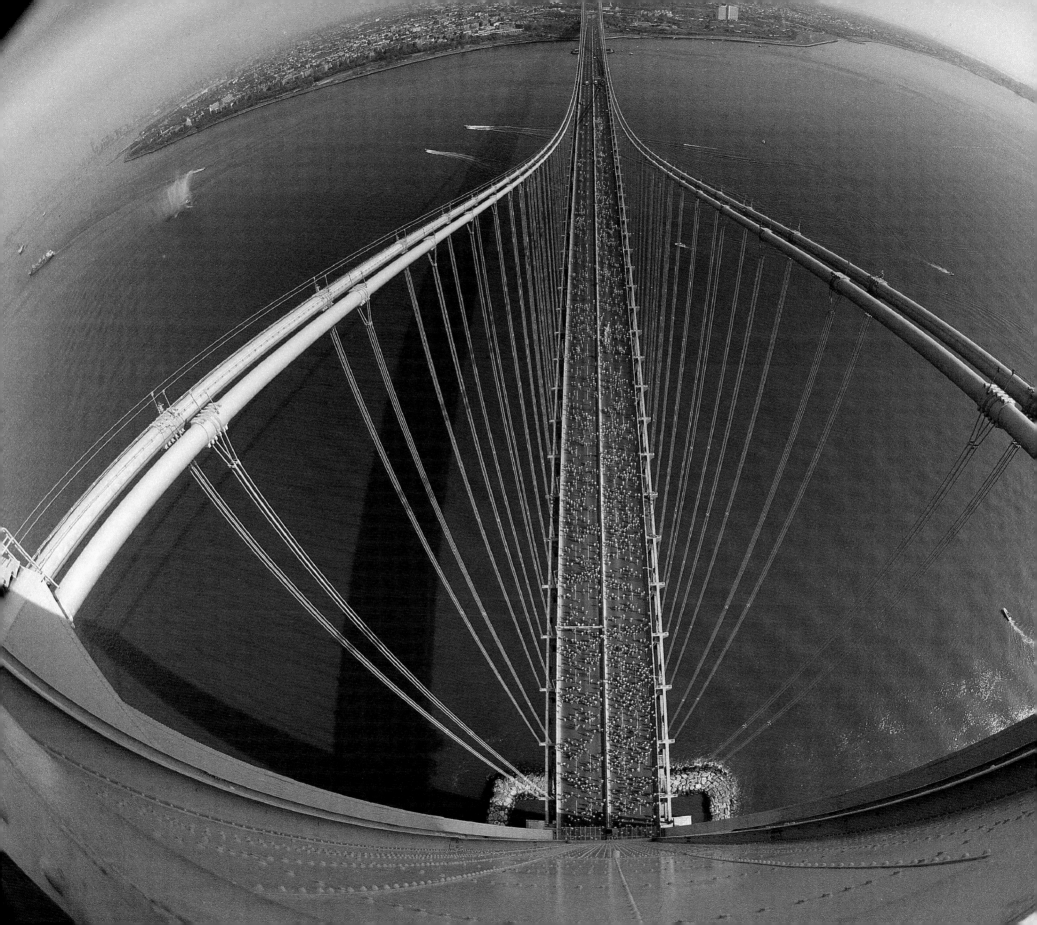

DE QUOI ES-TU FAIT ?

Les gens ont tous un aspect extérieur différent. Mais à l'intérieur, tout le monde fonctionne de la même façon.

Le corps humain est très complexe. Chaque composante du corps a un rôle spécifique. Mais ces composantes travaillent en équipe pour faire fonctionner un grand système. Chaque joueur collabore avec les autres joueurs.

Le squelette constitue la charpente de l'équipe. Il est à la fois fort et flexible. Le crâne est dur afin de protéger le cerveau à l'intérieur. La cage thoracique renferme les organes internes et la colonne contient la moelle épinière qui va du cerveau à la partie inférieure du corps. Même si les os sont durs et rigides, les articulations nous permettent de bouger aisément.

Des muscles de toutes sortes et de toutes tailles se ratta-chent aux os.

Ces muscles du squelette constituent près de la moitié de

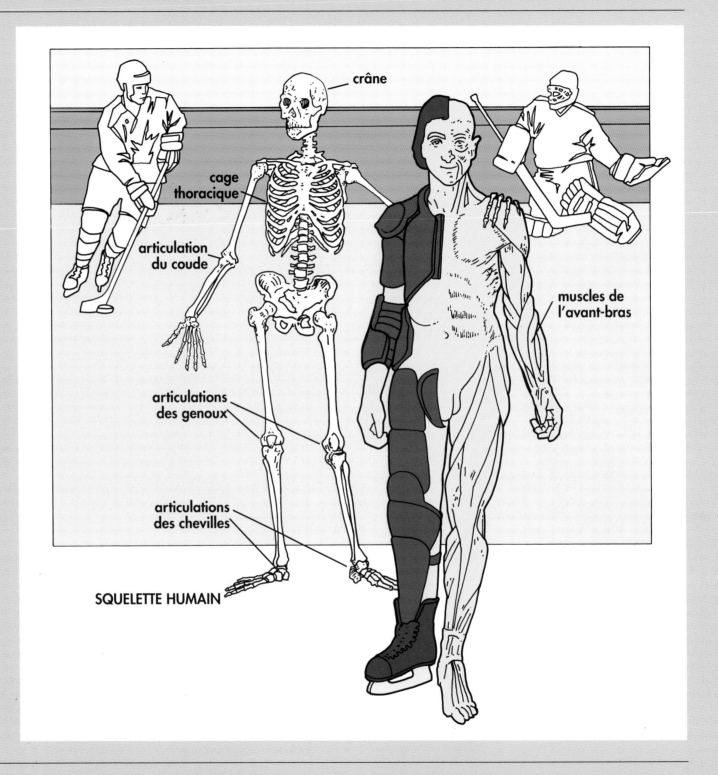

crâne

cage thoracique

articulation du coude

articulations des genoux

articulations des chevilles

muscles de l'avant-bras

SQUELETTE HUMAIN

notre poids. On les appelle les muscles *volontaires* parce que tu peux décider quand les utiliser.

D'autres muscles travaillent de façon automatique, sans décision de ta part. Ce sont les muscles *involontaires*. Ton cœur pompera sans arrêt, toute ta vie. Lorsque tu auras 80 ans, il se sera contracté et décontracté environ 2,5 milliards de fois.

Ton cœur est la vedette du système circulatoire, un réseau complexe d'artères et de veines qui transportent le sang du cœur vers toutes les parties du corps et le ramènent ensuite au cœur. Le cœur reçoit les cellules sanguines qui viennent d'aller chercher l'oxygène aux poumons. Il véhicule ces cellules chargées d'oxygène partout dans le corps, par les artères. Une fois que les muscles et les autres membranes ont utilisé l'oxygène, les veines renvoient les cellules sanguines vers le cœur et ensuite aux poumons. Les cellules reçoivent alors une autre ration d'oxygène.

Les poumons sont les vedettes du système respira-toire, responsable de recueillir l'oxygène de l'air et de l'amener dans les cellules sanguines. L'air entre par ton nez et ta bouche et descend ensuite la trachée (dans ton cou) jusqu'à tes poumons. L'oxygène passe de tes poumons aux cellules du sang.

Les systèmes respiratoire, circulatoire, musculaire et squelettique travaillent tous ensemble pour que tu puisses bouger. D'autres systèmes composent le reste de l'équipe et acheminent vers ton cerveau toute l'information du monde extérieur nécessaire pour que tu décides *comment* bouger.

Par les yeux, le système visuel t'envoie les images de ce qui t'entoure. Tes oreilles amènent les sons vers ton cerveau. La peau constitue la couche protectrice de ton corps. Elle perçoit ce qui t'entoure, soit par contact ou parce qu'elle sent la chaleur ou le froid. Ton nez te rapporte des échantillons de gaz du monde extérieur. Et ta langue perçoit des substances chimiques avec lesquelles elle entre en contact.

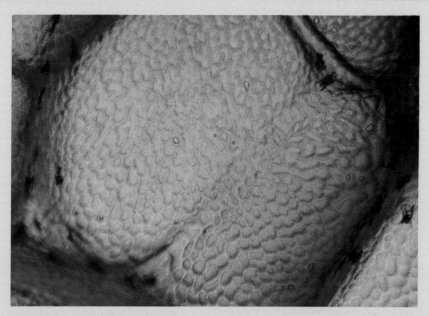

Dans le poumon, les petites alvéoles remplies d'air sont entourées de minuscules vaisseaux sanguins (capillaires). *L'oxygène filtre à travers les parois des alvéoles et des capillaires et va dans le sang.*

Le capitaine de toutes ces équipes est le cerveau. C'est lui qui dirige et contrôle tout dans ton corps. Il communique grâce au système nerveux, un réseau composé d'une « voie principale » — la moelle épinière — et de millions de cellules nerveuses longues et minces, reliées entre elles partout dans ton corps. Ce grand réseau de communication transporte des signaux électriques en provenance et à destination du cerveau.

Certaines cellules nerveuses sont rattachées à la moelle épinière et d'autres forment leurs propres petits réseaux.

Ton corps est une machine étonnante et complexe. Il se compose de trillions de cellules — autant que le nombre d'étoiles dans cinq cents galaxies. Et toutes ces cellules travaillent ensemble pour te permettre de faire les choses les plus simples... comme lire ce livre !

LE DÉFI DES HAUTEURS

Tony Yaniro ressemble à un petit insecte sur l'immense mur de roc. Seuls les muscles de ses mains et un étroit rebord sous ses orteils l'empêchent de tomber. Les bras étendus, on dirait qu'il veut étreindre l'imposante paroi rocheuse. Ses doigts robustes explorent la roche pour trouver où s'accrocher. À sa droite, un torrent plonge dans un gouffre. Tony bouge un tout petit peu à gauche. Il cherche un endroit sûr où poser le pied.

« J'escalade chaque rocher comme un savant qui tente de résoudre un problème compliqué, dit Tony Yaniro. C'est exigeant pour l'esprit, mais aussi pour le corps. » Il faut être en forme et avoir l'esprit clair et alerte.

Les morceaux du casse-tête sont les différents mouvements qu'il doit exécuter pour grimper avant que ses muscles manquent d'énergie. Il sait que s'il continue trop longtemps sans repos, ses muscles abandonneront la partie. « Je ne dispose que d'un certain temps. Je dois connaître mes limites. »

Les muscles de Tony ont besoin de beaucoup d'oxygène. Chaque minute, ses puissants poumons doivent extraire environ un litre d'oxygène de l'air raréfié des montagnes. L'oxygène est transféré par les poumons vers les cellules sanguines qui sont ensuite poussées par le cœur jusqu'à ses muscles.

Si l'approvisionnement en oxygène n'est pas suffisant ou si Tony fait trop d'efforts, ses muscles cesseront de fonctionner. Le cauchemar d'un rochassier est de voir sa main lâcher une prise. Il sait alors qu'il va tomber mais il ne peut rien y faire. Ses muscles ont donné leur démission. C'est pour cela que les rochassiers d'expérience utilisent des cordes pour leur sécurité.

Bien que les muscles de leurs mains et de leurs bras soient robustes, les rochassiers laissent le plus possible leurs jambes faire le travail. Ainsi, les muscles des bras et des mains durent plus longtemps. Ces sportifs préparent leurs mouvements en séquence, à l'avance. Lorsqu'ils sont prêts à escalader, ils accomplissent chaque mouvement vite et avec fluidité. S'arrêter et repartir brûle beaucoup d'énergie, tout comme une voiture prise dans un bouchon de circulation consomme beaucoup d'essence.

Pressé contre le mur, Tony continue, de côté, le long de l'étroit rebord. Le soleil va se coucher

À gauche : En 1953, le Britannique sir Edmund Hillary et son expédition furent les premiers à atteindre le sommet du mont Everest, la plus haute montagne du monde.

Page de gauche : Tony Yaniro grimpe un escarpement selon une technique spéciale.

LA PUISSANCE DES MUSCLES

Sans les muscles, tu ne pourrais pas respirer, digérer, marcher ni même cligner des yeux. Chacun de nos mouvements est possible parce que les muscles se rétrécissent. Seuls les muscles peuvent faire cela. Les autres tissus — ceux de notre peau, de nos cheveux, des cartilages — gardent toujours la même taille, sauf lors de la croissance. Lorsqu'un muscle se rétrécit, on dit qu'il se contracte et, alors, une partie de notre corps bouge.

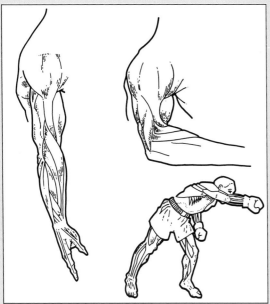

L'entraînement donne de la puissance aux muscles. Un boxeur a les bras, le thorax et les jambes très musclés.

Tes muscles squelettiques représentent près de la moitié de ton poids. On dit aussi que ces muscles, rattachés à tes os, sont *striés*. Tu les utilises pour respirer, bouger tes membres, ta tête et les autres parties de ton corps. Si tu veux remuer les orteils, ton cerveau envoie un signal aux muscles de tes pieds. Ce signal dit aux muscles de se contracter. Lorsqu'ils se rétrécissent, ils tirent sur les os des orteils qui se mettent à bouger.

Tiens ce livre devant toi, à bout de bras, avec ta main gauche. Soulève-le en pliant le coude et, ensuite, baisse-le. Puis, pose ta main droite sur ton bras et soulève et redescends le livre encore une fois. Pour soulever le livre, tu contractes un muscle appelé biceps. Tu peux le sentir qui devient plus épais à mesure qu'il rétrécit. Lorsque ton biceps se contracte, ton triceps — de l'autre côté de ton bras — s'étire. Lorsque tu redescends le livre, ton triceps se contracte et tu sens le biceps s'allonger.

Il y a deux autres sortes de muscles dans le corps. Les muscles *lisses* sont ceux de nos organes internes. Certains aident à faire circuler le sang dans les veines et les artères. D'autres acheminent la nourriture dans nos intestins. On les appelle aussi les muscles involontaires car ils travaillent sans que tu décides de les utiliser.

À lui seul, le cœur constitue le troisième type de muscles : le muscle *cardiaque*. Et c'est tout un muscle ! Grâce à lui, chaque petit recoin de ton corps reçoit du sang. Et aussi longtemps que tu vivras, ton cœur ne cessera jamais de travailler.

bientôt. S'il n'arrive pas vite au sommet, il devra dormir contre le mur. Au-dessus, il aperçoit une longue fissure verticale qui fend la roche. Il décide d'y grimper comme à l'intérieur d'une cheminée.

Tony s'installe à l'intérieur de la « cheminée » en s'appuyant d'un côté avec son dos, et de l'autre avec ses pieds. Il monte en poussant sur ses pieds, comme s'il marchait, et en glissant son dos contre le mur opposé.

Pousser constamment dans deux directions contraires fatigue les muscles du dos et des jambes. En montant, Tony inspire profondément pour amener l'oxygène à ses muscles. Il se repose à plusieurs reprises. Pendant ces pauses, son cœur ralentit, sa respiration reprend son rythme et il relaxe ses muscles.

Finalement, Tony arrive en haut de la cheminée. Il étire ses muscles endoloris et regarde vers le sommet. Le plus difficile reste à faire. Tony décide de s'arrêter.

Au coucher du soleil, la température baisse. Tony porte plusieurs vêtements amples qui emprisonnent l'air autour de son corps et l'isolent du froid. Il prend un bon repas, suspend son sac de couchage au coinceur qu'il a enfoncé dans la paroi du rocher et s'installe pour dormir.

Pendant son sommeil, son corps continue de travailler. Les vaisseaux qui amènent le sang vers la surface de son corps deviennent plus étroits. Ainsi, plus de sang est dirigé vers les organes internes qui

Page de droite : *Un soleil étincelant profile la silhouette de Tony qui grimpe à l'intérieur d'une longue « cheminée ».*

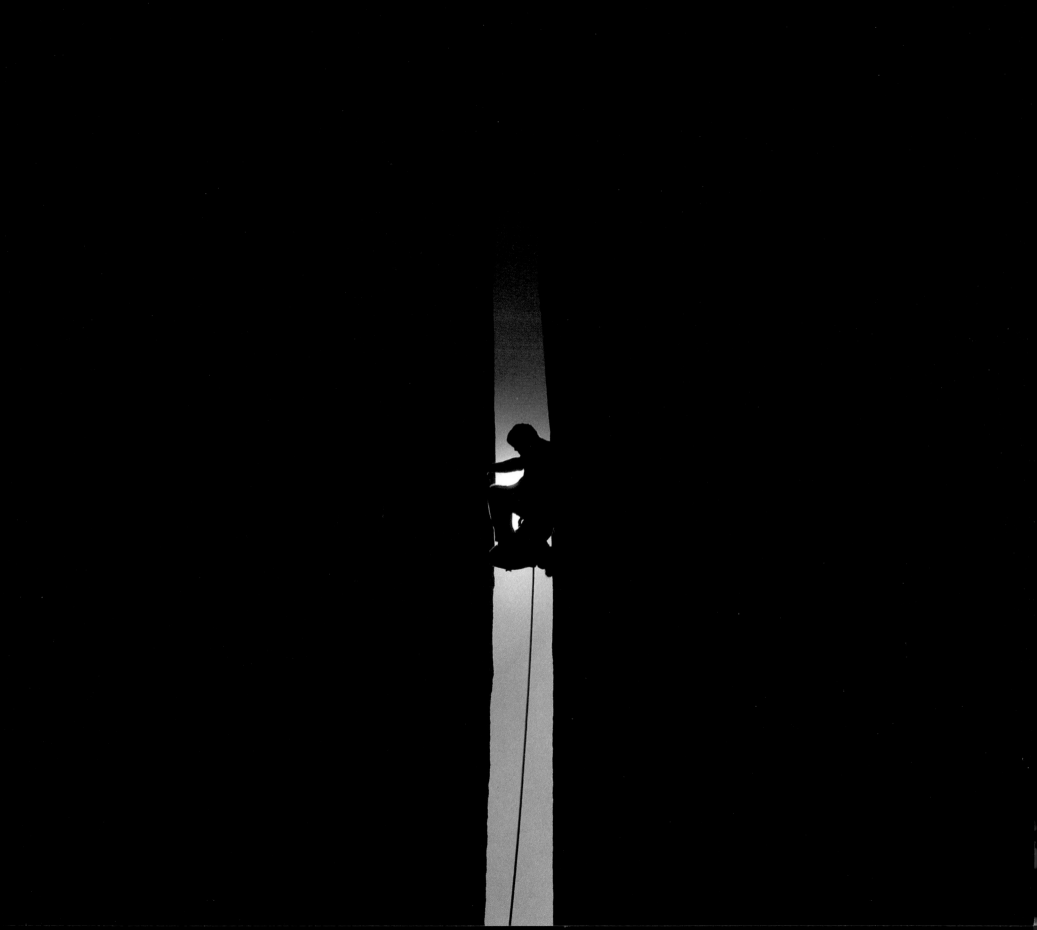

ont toujours besoin d'oxygène. Son système digestif décompose la nourriture qu'il a mangée et en emmagasine pour plus tard. Ses muscles se reposent.

Au matin, Tony est frais et dispos. Il est prêt à affronter la partie la plus difficile du parcours. La route vers le sommet est bloquée par un énorme surplomb.

UNE SUBSTANCE EXTRAORDINAIRE: L'ATP

Les muscles d'une mouche, la moisissure qui croît sur un vieux sandwich et les muscles d'un rochassier puisent tous leur énergie dans une seule substance chimique : l'adénosine triphosphate, ou l'ATP.

Il existe une petite quantité d'ATP dans tous nos muscles. Combinée à de l'eau, l'ATP d'un muscle se décompose en deux produits : l'ADP (l'adénosine diphosphatée) et le phosphate. Une petite quantité d'énergie est alors produite et le muscle s'en sert pour se contracter. À chaque pas d'un coureur, cent millions de trillions de molécules d'ATP se changent en ADP et en phosphate.

Plus nos muscles travaillent, plus ils ont besoin d'ATP. Il est possible de fabriquer de l'ATP en combinant de l'ADP et du phosphate — les deux mêmes substances produites lorsque l'ATP donne de l'énergie aux muscles. L'énergie pour fabriquer de l'ATP nous vient de la nourriture.

Si nous exigeons trop d'efforts de nos muscles, l'ATP ne peut être fabriquée assez vite. Nos muscles commencent à être douloureux. Nous devenons fatigués et nous ralentissons. Le corps envoie un message : « Arrête sinon il n'y aura plus d'énergie. Tu vas t'évanouir. » Notre corps nous avertit *avant* que nous dépassions nos limites.

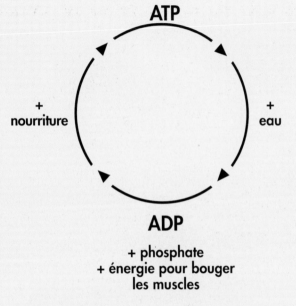

Le cycle de l'ATP. L'énergie obtenue de la nourriture sert à combiner l'ADP et le phosphate pour produire de l'ATP. Tes muscles décomposent l'ATP pour bouger. Les déchets de cette réaction sont l'ADP et le phosphate — les deux substances nécessaires pour fabriquer plus d'ATP!

Escalader un surplomb est ce qu'il y a de plus exigeant pour les bras et le haut du corps d'un rochassier. Ses pieds ne sont plus sous lui et il ne peut s'en servir pour transporter son poids. Tony ancre sa corde de sûreté dans la roche. Il prend une grande inspiration, agrippe le rebord et commence son ascension. Presque immédiatement, son pied glisse et sa jambe pend dans le vide, inutile. Son expérience lui dit de continuer à bouger. Petit à petit, il se déplace avec ses mains et laisse son poids reposer sur les os et les tendons de la partie supérieure de son corps. Un rochassier moins expérimenté essaierait de tirer pour se redresser et brûlerait trop d'énergie.

Juste au moment où Tony va atteindre son but, des petits cailloux lui font lâcher prise. Ses mains glissent. Il sait qu'il va tomber. Au cours de sa chute, il relâche ses muscles et se prépare au choc lorsqu'il arrivera au bout de la corde. L'adrénaline aiguise ses sens. La corde tiendra-t-elle?

Haaaan! Une violente secousse lui coupe le souffle. La corde a arrêté sa chute. Suspendu entre ciel et terre, Tony voit que la corde est coincée, loin là-haut, par le rebord coupant du roc. Pris comme un poisson au bout d'une ligne, il voit les rochers tournoyer sous lui. Les escarpements l'encerclent mais sont hors de portée.

Tony commence à se balancer. À mesure qu'il s'approche d'une paroi, il essaie d'y loger son pied. Impossible. Il se reprend au prochain balancement. Encore raté. Il sait qu'au-dessus de lui la

Page de droite: Tony fait son chemin le long d'un rebord. Il enfonce des coinceurs dans le rocher pour y fixer sa corde de sûreté.

corde s'use sur le rebord tranchant. Cette fois, il faut réussir ! Un autre balancement contre la paroi et hop ! il coince son pied sur un petit rebord. Ça tient. Il plie ses jambes pour se rapprocher. Il s'accroche d'une main. Puis de l'autre. Sauvé ! Et à cet instant, la corde se rompt d'un coup sec et tombe mollement.

Une grande sensation de calme envahit Tony à mesure que l'adrénaline se retire de son système sanguin. Il regarde vers le haut, inspire profondément et sent la vie courir dans ses veines !

Page de droite : À mesure qu'il grimpe le long d'une fissure, la distance augmente entre Tony et le sol.

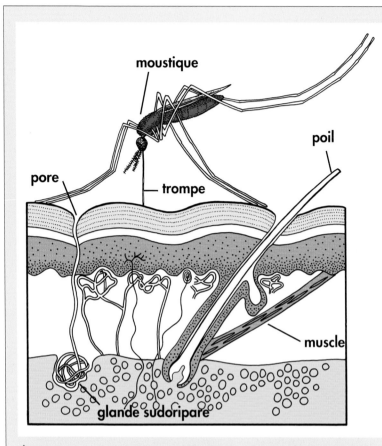

À gauche, un pore mène à une glande sudoripare nichée dans la couche la plus profonde de la peau. À droite, un long muscle se rattache à la base d'un poil penché vers la droite. Lorsqu'il se contracte, il tire la base du poil et le fait se redresser. À la surface, un moustique est venu se poser.

LA PEAU : LE THERMOSTAT DU CORPS

Ta peau n'est pas qu'un recouvrement pour tes os, tes organes et tes muscles. Elle aussi est un organe — le plus grand de ton corps. Et elle s'adapte constamment pour te rafraîchir ou te réchauffer, selon tes besoins.

Si ton corps devient trop chaud, les vaisseaux sanguins de ta peau s'élargissent afin que plus de sang y circule. De plus grandes quantités de sang passent dans ces petits canaux, appelés capillaires, près de la surface de la peau pour permettre à la chaleur de s'échapper à l'extérieur. C'est pour cela que ta peau devient rouge lorsque tu as chaud.

Ton corps se refroidit aussi grâce à la transpiration de la peau. Des glandes sudoripares enfouies dans une des couches de ta peau reçoivent un liquide des capillaires qui les entourent. Elles poussent ce liquide dans un passage en spirale qui aboutit à un trou (ou pore) à la surface de ta peau. Lorsque ce liquide (ou sueur) s'évapore dans l'air, ton corps se refroidit.

Et si tu as froid ? Ton thermostat naturel se règle encore. Les parois de certains vaisseaux sanguins se contractent et laissent passer moins de sang vers les capillaires sous la surface de ta peau afin qu'il y ait moins de chaleur qui s'échappe. C'est pour cela que lorsque nous avons froid nous sommes plus pâles, ou même bleus. La peau cesse de suer pour qu'il y ait moins de perte de chaleur par évaporation. De plus, de petits muscles rattachés à la base des poils se contractent, tirant les poils et les faisant se redresser. C'est ce qui donne la « chair de poule ». Chez les animaux très poilus, ces poils hérissés captent et retiennent une couche d'air qui protège contre le froid.

Plus la surface de peau exposée à l'air est grande, plus la chaleur s'échappe de ton corps. Pour se réchauffer, les animaux réduisent la surface de leur corps exposée à l'air en se roulant en boule. Tu fais la même chose lorsque tu te pelotonnes devant le feu, les soirs d'hiver.

L'HORMONE D'URGENCE

Juste au moment où ta main trouvait une prise, ton pied glisse. Tu parviens à t'accrocher d'une main à la paroi mais le reste de ton corps pend dans le vide. Ton estomac se serre. Tu as des sueurs froides et tu sens tes poils se hérisser. Tu vas tomber ! Mais avec une force que tu ne te connaissais pas, tu te hisses d'un seul bras et tes pieds pédalent pour trouver un appui. Une fois en sûreté, tu t'aperçois que ton cœur bat très fort et que ta respiration est rapide. L'*adrénaline* — ton hormone d'urgence — a bien fait son travail.

À force de s'agripper aux fissures, les mains et les avant-bras des rochassiers deviennent très forts. Remarque la sueur sur le bras de Tony.

L'adrénaline est sécrétée par deux glandes placées sur tes reins. Cette hormone fait battre ton cœur plus vite pour qu'il envoie plus de sang vers les muscles. De nombreux petits vaisseaux sanguins se contractent, entre autres dans ta peau (c'est pourquoi tu pâlis) et dans ton estomac (ce qui explique le serrement). Une plus grande quantité de sang afflue vers les muscles et les poumons, où tu en as le plus besoin. Ta bouche s'ouvre pour laisser entrer plus d'air et ta respiration s'accélère pour faire passer plus d'oxygène dans le sang. La sueur t'empêche d'avoir trop chaud.

Les rochassiers ont cette réaction lorsqu'ils se trouvent en danger. L'adrénaline leur permet d'accomplir des choses qu'ils ne pourraient jamais faire dans un état normal. Ils bougent plus vite, se hissent plus haut, s'étirent plus loin et s'agrippent plus longtemps.

Une fois le danger passé, l'adrénaline disparaît rapidement. Le rochassier se sent relaxé et heureux, parfois même euphorique, comme s'il venait de réaliser un exploit — et souvent, c'est exactement ce qu'il a fait !

Ci-dessus : Tony est précipité dans le vide. L'adrénaline se déverse dans son corps. Il se détend le plus possible et espère que la corde stoppera sa chute.

Page de droite : La corde a tenu ! Maintenant, Tony doit se balancer pour rejoindre la paroi du rocher.

LES COLLECTEURS D'OXYGÈNE

Les cellules du corps ont besoin d'oxygène. Elles doivent aussi se débarrasser du gaz carbonique, un déchet produit par leur activité. Nos veines et nos artères constituent un réseau appelé *système circulatoire*. Le sang voyage dans ce système pour apporter l'oxygène aux cellules et en ramener le gaz carbonique.

Mais comment l'oxygène se rend-il jusque dans le système circulatoire ? Et comment le gaz carbonique en sort-il ? Grâce à notre *système respiratoire*.

À droite : L'air entre et sort par la trachée et un système complexe de tubes. Ces tubes se divisent en plusieurs branches de plus en plus petites et qui se terminent par des petits sacs, ou alvéoles.

À gauche, en haut : Un réseau de capillaires très fins entoure chaque alvéole. L'oxygène traverse les parois des alvéoles et des capillaires pour pénétrer dans le sang.

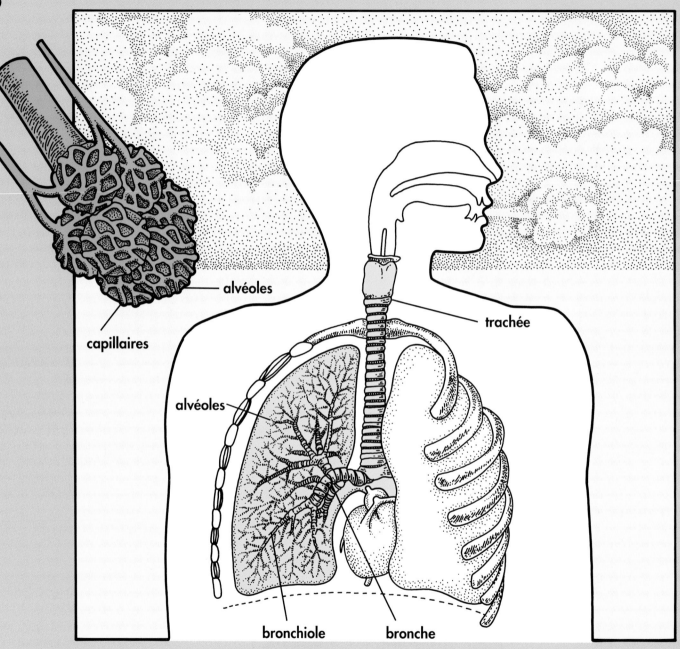

alvéoles

trachée

capillaires

alvéoles

bronchiole   bronche

L'air entre dans ton corps par ton nez et ta bouche. Ton nez filtre, réchauffe et humidifie l'air. De plus, il vérifie s'il y a des substances irritantes pour la paroi du conduit menant aux poumons. La gorge est l'entrée de ce conduit tapissé de petits poils et de mucus qui servent, eux aussi, à filtrer l'air qui descend vers les poumons.

La gorge s'ouvre sur une partie creuse appelée *larynx*. Le larynx est comme un agent de la circulation qui dirige l'air vers les poumons ou la nourriture vers l'estomac. Lorsque la nourriture arrive, un petit morceau de cartilage appelé *épiglotte* bouche le passage vers les poumons. La nourriture et les liquides vont ainsi dans l'estomac. Le larynx sert aussi à produire ta voix. C'est là que se trouvent les cordes vocales.

Le larynx mène à la *trachée* qui achemine l'air dans tes poumons. Plus bas, la trachée se divise en deux branches appelées *bronches souches*. Chacune pénètre dans un poumon et se divise en

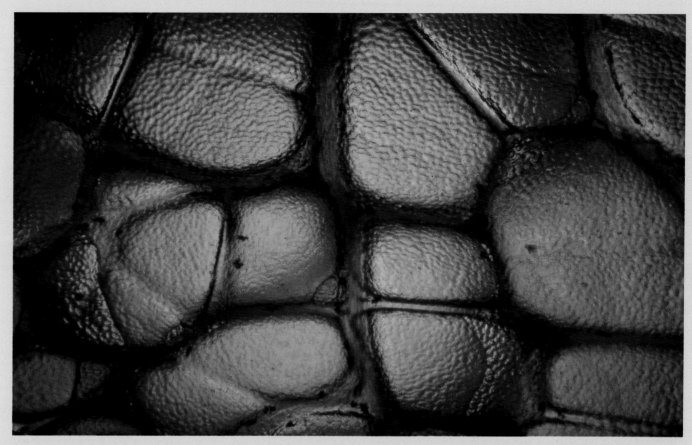

Cette photographie de la surface du poumon montre les vaisseaux sanguins qui transportent le sang oxygéné des poumons vers toutes les parties du corps.

plusieurs branches plus petites qui se ramifient encore plus pour arriver aux *bronchioles*. Une vue d'ensemble de la trachée, des bronches et des bronchioles ressemble à un arbre à l'envers.

Les bronchioles continuent de se séparer en tubes si minuscules qu'il faut un microscope pour les voir. Ces tubes se terminent par les *alvéoles* qui font penser à des grappes de raisins. La membrane d'un alvéole est très mince. Elle est entourée de capillaires. L'oxygène traverse la membrane de l'alvéole et la paroi des capillaires pour entrer dans la circulation du sang.

Nos poumons renferment environ un demi-milliard d'alvéoles! C'est pourquoi nos poumons sont capables de faire passer autant d'oxygène dans notre sang et de le débarrasser du gaz carbonique si rapidement.

COURS-TU VITE ?
COURS-TU
LONGTEMPS ?

Pourquoi un sprinter ressemble-t-il à une perdrix et un marathonien à un canard ? À cause de leurs muscles.

Nous avons deux sortes de muscles squelettiques : ceux qui ont besoin d'oxygène pour transformer la nourriture en énergie ; et d'autres qui puisent l'énergie de la nourriture emmagasinée mais sans avoir besoin d'oxygène.

S'il te faut vite sortir d'une situation dangereuse, tu utilises la deuxième sorte de muscles. Le carburant de la nourriture emmagasiné dans ces muscles est alors vite transformé en énergie. Tes poumons et ton cœur n'ont pas le temps d'amener l'oxygène jusqu'aux muscles de tes jambes.

Au base-ball ou au basket-ball, les joueurs utilisent ces muscles pour accélérer. C'est la même chose pour un sprinter olympique qui doit courir vite et fort pendant un laps de temps très court. Les sprinters ont les muscles des jambes très puissants et ces muscles sont de la catégorie qui n'a pas besoin d'oxygène.

Mais il y a une limite au travail que peuvent faire ces muscles sans oxygène. Lorsqu'un muscle ne dispose pas de beaucoup d'oxygène, une substance appelée acide lactique est produite. Une accumulation d'acide lactique empêche le muscle de se contracter. C'est ce qui arrive dans tes bras lorsque tu fais plusieurs élévations à la barre ou dans tes jambes si tu cours très vite. S'il n'y a pas assez d'oxygène, l'acide lactique s'accumule rapidement. Alors, tes muscles deviennent douloureux et tu te fatigues. C'est pour cela que les sprinters ne peuvent courir à toute vitesse très longtemps et que les rochassiers doivent laisser reposer leurs bras et leurs mains.

Lors de la pratique de certains sports de fond comme le cyclisme, la natation et la course à pied, l'oxygène a assez de temps pour se rendre aux muscles. Ces muscles utilisent l'oxygène pour brûler du carburant, mais aussi pour brûler l'acide lactique. C'est ce

qui permet à un marathonien de courir si longtemps sans se fatiguer.

Les animaux possèdent eux aussi ces deux types de muscles. Lorsque tu enlèves la peau d'une truite grillée, tu peux voir une mince ligne de muscles rouges attachée à une plus grosse masse de muscles blancs. La truite utilise les muscles rouges — du genre « marathon » et qui ont besoin d'oxygène — pour franchir de longues distances et pour ses activités normales. Mais les muscles blancs — « pour le sprint » et qui n'ont pas besoin d'oxygène — servent pour des mouvements soudains et rapides, par exemple lorsque la truite se débat pour se décrocher de l'hameçon.

Un bon pêcheur ne luttera pas contre un poisson qui se débat. Il sait que le poisson utilise ses puissants muscles « pour le sprint » et qu'éventuellement l'accumulation d'acide lactique le fatiguera.

Tous les animaux, y compris les humains, possèdent les deux sortes de muscles. Mais les athlètes se développent de façon différente, selon le sport qu'ils pratiquent. Un marathonien développe sa masse de muscles rouges conçus pour produire de l'énergie en utilisant de l'oxygène. Et les sprinters développent plus de muscles blancs, excellents pour produire de l'énergie sans oxygène.

La poitrine des perdrix est faite surtout de muscles « pour le sprint », utiles pour les fuites rapides exigeant beaucoup d'énergie. Les canards, par contre, peuvent franchir des kilomètres sans se poser. Ce sont des marathoniens. Les muscles de leur poitrine sont de la catégorie rouge.

Page de gauche: Le sprinter Gary Reid s'élance au départ de l'épreuve du 400 m. Pour gagner, un sprinter doit posséder des réflexes rapides et une musculature puissante.

À droite: Le marathonien Gary Westgate franchit la ligne d'arrivée et gagne la course. Pour accomplir cet exploit, il a dû doser ses efforts et faire preuve d'endurance.

À TOUTE ALLURE !

Maria Walliser n'entend plus les talkies-walkies, les hélicoptères et les clameurs de la foule. Il n'y a plus que le martèlement de son cœur. Dans le noir, elle attend le signal du départ. Quelques secondes encore et elle s'élancera sur la pente raide qui descend vers le pittoresque village d'Aspen. Les yeux fermés, elle répète son parcours. Elle sent les virages parfaits, l'étirement de ses muscles, les vibrations et les chocs de ses skis sur la neige, et la vitesse qui embrouille sa vision.

« Trente secondes ! » La voix du starter tire Maria de son parcours mental. Son masseur frotte sa jambe gauche pour préparer ses muscles à la torture qui les attend. « Béatrice a chuté dans un virage glacé ! » lui annonce-t-il. Maria fait un signe de tête, déçue que sa coéquipière, Béatrice Gaffner, soit tombée.

« Dix secondes ! » Son cœur bat à toute vitesse. L'adrénaline a envahi son système. Maria s'avance à la porte de départ. « Ce sera parfait », se répète-t-elle doucement. Elle se prépare au choc du vent froid qui hurlera dans ses oreilles. Bip-bip, fait le chrono électronique. Maria s'élance !

Les skieurs de calibre mondial comme Maria Walliser doivent maîtriser un nouveau parcours chaque semaine. À Aspen, Maria n'a eu que quelques descentes d'essai pour apprendre tous les virages.

Les parcours en ski alpin comportent une multitude de difficultés pour lesquelles il faut bien se préparer. Selon plusieurs champions skieurs, une course se gagne vraiment lors de l'inspection du parcours et des descentes d'essai. Pendant l'inspection, Maria et son entraîneur examinent la piste centimètre par centimètre, en s'arrêtant souvent. Plus tard, ils essaient de se rappeler les détails du parcours. Comment la forme de la pente changeait-elle ? Comment Maria devrait-elle prendre tel virage ? Quel était l'état de la neige ?

À gauche : Quelle différence entre les jupes et les chapeaux à plumes du début du siècle et les combinaisons de nylon des skieuses d'aujourd'hui !

Page de gauche : *La championne suisse Maria Walliser file sur la piste, laissant derrière elle un nuage de neige.*

DES PÂTES ET DES GRAISSES: ÇA PEUT MENER LOIN!

Si ton corps pouvait utiliser toute la graisse qu'il transporte, tu pourrais courir pendant presque 67 heures. Alors pourquoi, après dix minutes, la plupart des gens sont-ils à bout de souffle?

Comme l'oxygène, les carburants qui résultent de la transformation de la nourriture sont transportés dans le sang. Il existe deux types de carburants: les acides gras et le sucre.

Les acides gras sont emmagasinés dans les cellules adipeuses (grasses). Lorsque le corps en a besoin, les acides gras voyagent par le sang jusqu'aux muscles. Mais le sang transporte très peu d'acides gras à la fois et ceux-ci n'arrivent pas assez rapidement aux muscles pour nous permettre de courir à toute vitesse.

Le sucre, sous forme de glucose, est la source d'énergie la plus rapide pour les muscles. C'est pour cela qu'une tablette de chocolat peut vite donner de l'énergie. Mais le corps ne fait pas provision de glucose. Alors où trouver le carburant supplémentaire pour une longue course?

Les glucides complexes — qui constituent les pâtes alimentaires, les pommes de terre, le pain et les céréales — sont emmagasinés par le corps sous forme de *glycogène*. Cette substance est composée de milliers d'unités de glucose. Une certaine quantité de glycogène — assez pour nous permettre de courir pendant une heure — est présente dans les muscles. Le reste est gardé dans le foie et peut nous donner 20 minutes d'énergie supplémentaire.

Mais un marathon dure plus de deux heures. Alors, lorsqu'il n'a plus de glycogène, le coureur a la sensation de frapper un mur. Il ne peut garder la cadence et doit ralentir. C'est parce qu'il ne lui reste plus que des acides gras, une source d'énergie qui n'arrive que très lentement aux muscles. Les champions de marathon ne frappent pas le mur. L'entraînement a changé leur corps et celui-ci utilise plus d'acides gras pendant la course. De plus, leur provision de glycogène est brûlée plus lentement et ne s'épuise que très rarement.

Les marathoniens brûlent leur nourriture de façon très efficace. Leur corps utilise les graisses comme source d'énergie afin que les autres carburants, comme le glucose et le glycogène, brûlent très lentement.

Après l'inspection, les skieurs planifient leur descente. Ils apprennent le parcours entier par cœur et décident comment leur corps et leurs muscles doivent s'y adapter.

À la suite de son premier essai, Maria a dû apporter quelques changements à sa stratégie de descente, surtout pour la section en tire-bouchon.

Au cours des jours précédant la course, Maria a fait plusieurs «descentes mentales». «Je pense à la façon dont j'aborde chaque virage, chaque saut, chaque plaque de glace du parcours.» Après sa dernière descente d'essai, Maria se sentait prête. Mais mentalement, elle a continué à répéter sa descente parfaite jusqu'au dernier instant avant le départ.

Et maintenant, la voilà qui dévale la pente à toute allure. Plus question d'hésiter. Son corps et son esprit travaillent ensemble. Elle s'engage dans le virage en tire-bouchon. La foule hurle. Au micro, un commentateur sportif s'écrie: «Incroyable! Walliser fait un parcours ultrarapide! Au virage, ses skis touchaient à peine la piste!»

Les gens dans la foule n'ont aucune idée de ce que le corps de Maria endure. Ses jambes vibrent comme des marteaux-piqueurs. Ses skis tremblent. Sa tête est secouée de haut en bas. Sa vision est brouillée. À cette vitesse, les portes délimitant les virages sont à peine visibles. Le vent s'engouffre dans son casque.

Grâce à de subtils changements visuels et auditifs, Maria sait comment bouger. À chaque

Page de droite: *Le parcours, vu de la porte de départ. Au signal sonore, Maria s'élancera dans le gouffre.*

UN RACCOURCI DANGEREUX

Certains athlètes olympiques et leurs entraîneurs ont trouvé une méthode pour augmenter la quantité d'oxygène qui passe dans les muscles. Il s'agit d'une pratique dangereuse pour le corps et illégale mais certains l'utilisent encore.

Deux mois avant un marathon, on extrait environ un litre de sang du corps du coureur. Le sang est soumis à un traitement spécial et congelé. Puisque la quantité de globules rouges dans le corps du coureur est alors plus basse que la normale, le cerveau commande une augmentation de production de cette sorte de cellule sanguine. Cinq semaines plus tard, le niveau de globules rouges est redevenu normal. On décongèle alors le sang et on l'injecte au coureur qui bénéficie d'une dose supplémentaire de globules rouges.

Les globules rouges contiennent de l'hémoglobine, une substance qui transporte de grandes quantités d'oxygène vers les muscles. Certains athlètes sont d'avis qu'une plus grande quantité d'hémoglobine augmente leur endurance. Et parfois, c'est tout ce qu'il faut pour gagner la course.

Cette technique s'appelle le « dopage sanguin ». Lors des Jeux olympiques de 1984, plusieurs membres de l'équipe cycliste américaine ont avoué avoir utilisé cette forme de dopage. Sa pratique est maintenant interdite par le Comité international olympique.

Malheureusement, l'usage de drogues pour améliorer les performances existe toujours. Les stéroïdes anabolisants, qui rendent les muscles plus forts chez les sprinters et les haltérophiles, sont les mieux connues de ces substances illégales. Se doper est une façon de tricher et va à l'encontre de l'esprit des Jeux olympiques. De plus, ces drogues ont des effets nuisibles et peuvent endommager le corps de façon irréversible. Dans les laboratoires médicaux du Comité international olympique, on analyse ces substances afin de parfaire les tests permettant de les détecter.

À droite : L'univers semble chavirer lorsque Maria prend ce virage à toute vitesse.

Page de droite : Maria file comme une fusée sur la piste. Autour d'elle, tout n'est plus que brouillard et secousses blanches.

virage, elle enfonce la lame de ses skis dans la neige glacée. Si elle pousse trop, elle ralentira et gaspillera de précieuses secondes. Pas assez et elle tombera. Le parcours tortueux soumet son corps à un stress extrême. Elle ressent une douleur brûlante dans les muscles de ses cuisses.

Son cœur pompe le sang dans les artères de ses jambes pour fournir de l'oxygène aux muscles.

Des années de dur travail ont fortifié son cœur et étendu le réseau de capillaires qui distribuent le sang dans ses jambes, ses chevilles, ses pieds et jusqu'à ses orteils.

« Quelle accélération ! Si elle tient bon sur les derniers virages, elle prendra la tête ! »

Maria sait qu'elle doit maintenir sa vitesse. Elle dévore les virages aussi vite qu'un bolide sur l'au-

LES CAPILLAIRES : LES PETITS CHEMINS D'UN GRAND RÉSEAU

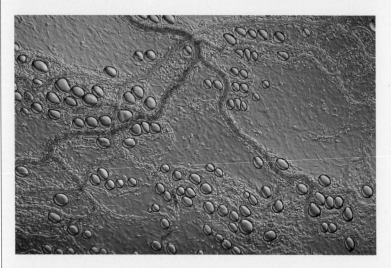

Les capillaires sont de minuscules vaisseaux sanguins qui transportent l'oxygène de nos poumons vers chaque partie du corps. Ils apportent aussi le gaz carbonique aux poumons qui se chargent de l'expulser.

Si tu mettais bout à bout les artères, les veines et les capillaires de ton corps, tu pourrais faire le tour de la Terre à l'équateur plus de deux fois !

Comment ton corps peut-il contenir une telle quantité de vaisseaux sanguins ? C'est grâce à la façon dont ils sont reliés entre eux. As-tu jamais déraciné une plante ? Les racines se divisent en séries de racines plus petites qui se terminent toutes par des filaments. Ton système sanguin ressemble à cela. Les capillaires correspondent aux petits filaments sauf qu'ils forment un réseau complet, en boucle, alors que les filaments des plantes ont tous des extrémités.

Les capillaires sont si petits qu'il faut un microscope pour les voir. Les plus petits sont de l'épaisseur d'une cellule sanguine. Les capillaires amènent l'oxygène et le carburant à toutes les cellules du corps. Ils transportent aussi les déchets. Ils entourent toutes les parties du corps qui ont besoin d'énergie, y compris les muscles.

Les athlètes développent certains muscles selon la discipline qu'ils pratiquent. Le thorax et les bras des haltérophiles sont puissants. Les skieurs ont de fortes jambes. Leurs muscles brûlent beaucoup d'énergie. Alors afin de leur fournir rapidement beaucoup d'oxygène et de carburant, de nombreux capillaires se développent autour d'eux. Les coureurs et les skieurs ont des milliers de petits vaisseaux sanguins dans leurs jambes, où ils en ont le plus besoin. Les rochassiers en ont plus dans leurs mains et leurs bras.

Si un athlète cesse de s'entraîner à cause d'une blessure ou parce qu'il se retire, les capillaires supplémentaires disparaissent tout simplement. Puisque le muscle n'exige plus autant d'énergie, le corps ferme ces petites routes de livraison qui ne sont plus nécessaires.

toroute. *Enfonce tes lames ! Penche-toi ! Tourne ! Droite. Gauche.*

La ligne d'arrivée est en vue. Il ne reste que quelques virages ! Maria se penche et enfonce ses skis... mais pas trop ! Il ne faut pas ralentir. *Tourne, tourne !* crie sa voix intérieure. Devant, elle aperçoit la barrière rouge délimitant le bout de la piste. Elle pousse encore plus fort ses lames dans la neige et la glace. *Tourne !* La barrière est là, de plus en plus grosse. *Creuse. Tourne.*

Soudain, ses yeux ne voient plus que du bleu. Ses jambes glissent sous elle. Au ralenti, l'univers fait des culbutes : bleu, blanc, bleu, blanc. Maria sait qu'elle a fait une faute. À travers son corps, elle sent le virage mal pris. Pas assez de tension des muscles et des tendons. Pas assez de pression sur les skis.

Ses skis volent en l'air. Maria s'accroche à ses bâtons. Elle dégringole la piste glacée et... patatras ! elle s'écrase contre la barrière rouge. Stupéfait, le commentateur s'exclame : « Quelle chute terrible ! Au même endroit que sa compatriote Gaffner ! À quelques mètres de la ligne d'arrivée ! »

Maria n'est pas gravement blessée. Mais elle est très déçue. Elle était si près du but ! « J'ai pris un risque de trop. » Mais en grande championne, elle se prépare déjà pour la prochaine fois : « Demain, je ne referai pas cette erreur ! »

Page de droite : Encore agrippée à ses bâtons, un ski projeté de côté, Maria Walliser s'effondre dans la neige. Elle est allée juste un peu trop loin.

DES ATHLÈTES AU GRAND CŒUR

Lorsque les gens disent que Maria Walliser a un grand cœur, ils ne font pas uniquement référence à sa gentillesse mais aussi au muscle qui pompe le sang à travers son corps.

Les personnes qui naissent avec un très gros cœur deviennent souvent d'excellents athlètes. Au sommet de sa carrière, le coureur olympique Paavo Nurmi, médaillé d'or à neuf reprises, avait un cœur trois fois plus gros que la normale. Mais peu importe la taille du cœur d'un athlète, il faut l'entraîner pour qu'il soit plus fort et plus efficace.

Le cœur est la station de pompage principale desservant l'étendue du réseau sanguin qui fait circuler le sang entre les poumons et toutes les parties du corps. C'est par ce réseau que le carburant et l'oxygène passent pour aller dans chaque cellule du corps.

Le cœur a quatre cavités. Chacune a une tâche spéciale. Le sang chargé d'oxygène arrive des poumons et entre dans la cavité supérieure gauche. Cette cavité se contracte et expulse le sang dans la cavité inférieure gauche. Une fraction de seconde plus tard, cette cavité se contracte et envoie le sang dans l'artère principale ou *aorte*. En même temps, la cavité supérieure se décontracte afin de recevoir plus de sang en provenance des poumons.

L'aorte mène de la cavité inférieure gauche vers la tête. Elle se divise en plusieurs grosses artères qui constituent les pipelines transportant le sang à travers le corps. Certaines vont directement au cerveau, d'autres vers les membres. Une artère principale va vers la partie inférieure du corps. Elle se divise, autour du nombril, en deux branches, une pour chaque jambe.

Chaque artère se sépare en plusieurs autres plus petites et, ensuite, en artérioles qui distribuent le sang vers toutes les parties du corps. Les artérioles se divisent à leur tour en une grande quantité de capillaires qui amènent le sang directement aux cellules. Même s'ils sont les plus petits vaisseaux sanguins du corps, les capillaires sont très importants. Ils sont si nombreux que la distance entre n'importe quelle partie de ton corps et un capillaire — sauf pour quelques exceptions comme les dents — n'excède pas l'épaisseur d'une page de ce livre !

Le sang dans les capillaires amène l'oxygène et le carburant aux cellules et les débarrasse des déchets comme le gaz carbonique. Ensuite, il reprend le long chemin vers le cœur. Il passe par un système de tubes appelés veines. Il faut en moyenne vingt secondes pour que le sang fasse le voyage du cœur aux différentes parties du corps et retourne ensuite au cœur.

Le sang qui revient des diverses parties du corps entre dans la cavité supérieure droite du cœur. Cette cavité se contracte (au même instant, la cavité supérieure gauche en fait autant) et expulse le sang dans la cavité inférieure droite. Une fraction de seconde plus tard, la cavité inférieure droite se contracte (au même instant, la cavité inférieure gauche fait de même) et pompe le sang vers les poumons. Le sang pénètre dans les capillaires entourant les alvéoles. Le gaz carbonique sort du sang et passe à travers les parois des capillaires et des alvéoles jusque dans les poumons, juste au moment où de l'oxygène entre en direction opposée, des poumons jusque dans le sang. Le gaz carbonique est poussé hors du corps par le nez et la bouche lorsque tu expires. L'oxygène est amené à l'intérieur avec l'air, lorsque tu inspires.

La prochaine fois que tu partiras en courant pour attraper le bus ou un ballon, note les réactions de ton corps. Si tu n'es pas en bonne forme physique, ton cœur pompera plus vite et tes poumons auront besoin de beaucoup d'air. Ton pouls s'accélérera et tu seras à bout de souffle en moins de deux. Les athlètes entraînés maîtrisent mieux leur corps. Le muscle du cœur est fort et pompe plus de sang à chaque contraction. Ainsi, il bat plus lentement. De plus, leurs poumons transportent plus d'oxygène par minute puisque leurs muscles pour respirer sont plus forts. C'est pour cela que les gens en bonne condition physique ne sont pas à court de souffle lorsqu'ils font de l'exercice.

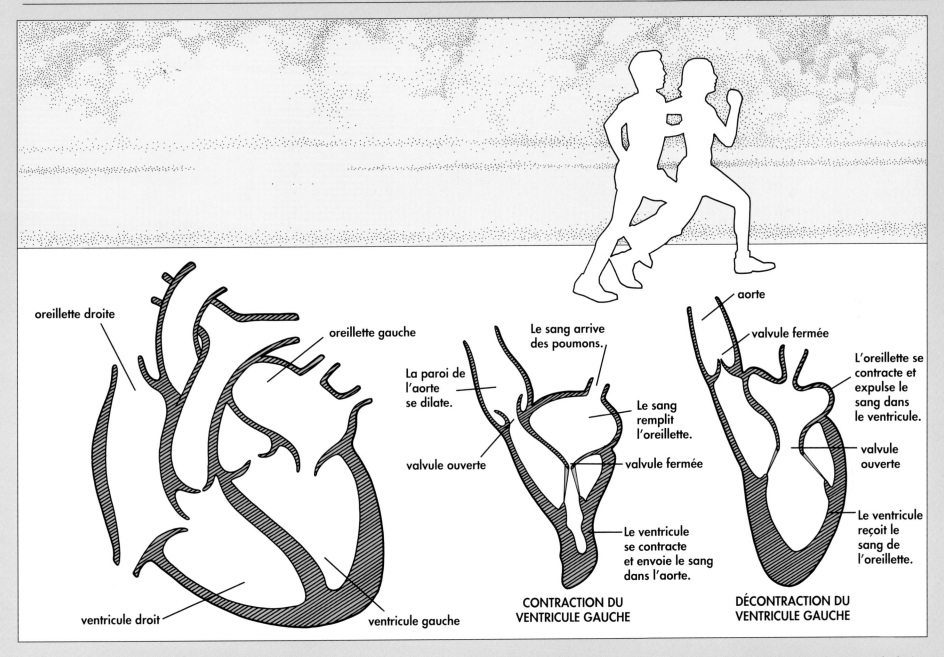

oreillette droite

oreillette gauche

Le sang arrive des poumons.

aorte

valvule fermée

La paroi de l'aorte se dilate.

Le sang remplit l'oreillette.

L'oreillette se contracte et expulse le sang dans le ventricule.

valvule ouverte

valvule fermée

valvule ouverte

Le ventricule se contracte et envoie le sang dans l'aorte.

Le ventricule reçoit le sang de l'oreillette.

ventricule droit

ventricule gauche

CONTRACTION DU VENTRICULE GAUCHE

DÉCONTRACTION DU VENTRICULE GAUCHE

À gauche : Les quatre cavités du cœur (vue frontale). Le sang pénètre dans l'oreillette droite en provenance du corps. Il est envoyé vers le bas, dans le ventricule droit. Ensuite, il est pompé vers les poumons où il se débarrasse du gaz carbonique et prend une nouvelle provision d'oxygène. Le sang oxygéné vient des poumons dans l'oreillette gauche. De là, il est expulsé dans le ventricule gauche et ensuite, par l'aorte, à travers le corps.
À droite : Le pompage du sang dans l'oreillette et le ventricule gauches.

LA PERFECTION EN MOUVEMENT

Nina Ananiashvili se traîne jusqu'au vestiaire derrière la salle de répétition. Elle est fatiguée mais satisfaite. Aujourd'hui, la répétition a été dure mais tout s'est bien passé. Elle s'assied, étend ses longues jambes sur le banc et s'étire. Le corps penché vers l'avant, elle saisit le bout de ses pieds. Ses orteils craquent lorsqu'elle les plie d'avant en arrière pour relâcher les muscles et les tendons et activer la circulation.

Nina est la danseuse étoile du ballet Bolshoi à Moscou. Demain soir, elle dansera le rôle de Myrtha dans *Giselle*, le plus ancien ballet de leur répertoire. « C'est un rôle très exigeant au point de vue physique. On me comparera à toutes les grandes ballerines russes qui l'ont interprété depuis cent ans. »

Pour une jeune Russe, danser avec le Bolshoi est un grand rêve. Ce fut ainsi pour Nina. « J'ai commencé à six ans, avec l'espoir d'entrer au Bolshoi. » Quatre ans plus tard, elle fut choisie. « J'y suis chez moi depuis l'âge de dix ans. »

Les jeunes danseuses s'entraînent pendant des années avant de monter sur scène. Leur corps doit apprendre à bouger en parfaite harmonie, non seulement avec les autres danseurs mais aussi avec la musique. « Je ne danse jamais seule, dit Nina. Je suis une des composantes d'un tout. L'orchestre, les autres danseurs, l'auditoire. Avec eux, j'appartiens à une entité plus imposante, plus gracieuse et plus belle : le ballet. » Dans les sports de compétition, le plus rapide, le plus fort ou le plus adroit gagne. La danseuse de ballet, elle, tend vers un but bien difficile à atteindre : la perfection.

Le ballet exige de grands efforts et de la persévérance. La plupart des écoles professionnelles de ballet prennent des élèves dès l'âge de dix ans. « Les jeunes répètent cinq heures par jour, six fois par semaine, se souvient Nina. Ils apprennent l'abc des gestes. Ces lettres formeront plus tard les mots des mouvements et, finalement, la poésie du ballet. »

Les mouvements de base sont répétés sans relâche. Première position, deuxième position... demi-plié, grand plié, relevé. Ces expressions décrivent des mouvements spécifiques que le corps doit apprendre. Parfois, une élève ressent de la douleur même si elle fait bien son mouvement. Un

Ci-dessus : La danseuse étoile Anna Pavlova (1881-1931) dans le célèbre ballet La Mort du cygne. *Elle fut considérée comme la plus grande ballerine de son époque.*

À gauche : Deux jeunes élèves s'exercent à la barre à l'école du Bolshoi, à Moscou.

Page de gauche : Nina Ananiashvili et Erek Mukahamedov répètent un mouvement difficile sous l'œil attentif de leur maître artistique. Nina dit qu'Erek est si fort et si agile qu'elle se sent légère comme une plume lorsqu'ils dansent ensemble.

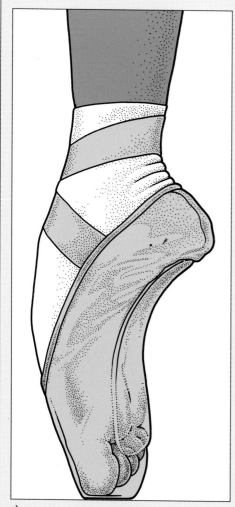

À l'intérieur d'un chausson à pointe, les orteils supportent tout le poids du corps. Le pied idéal pour une ballerine a des orteils à peu près tous de la même longueur. Cela permet une distribution plus uniforme du poids.

LE POINT TOURNANT

Pour la jeune fille qui désire devenir une grande ballerine, chausser des pointes pour la première fois constitue une étape très importante.

Comment les ballerines parviennent-elles à rester en équilibre et danser sur la pointe des orteils ? Leur secret : un travail acharné.

Après des années passées à danser avec ses chaussons souples, la jeune fille doit tout réapprendre sur pointes. Elle répète les pliés et les relevés, des mouvements qui consistent à plier les genoux et à se relever sur la pointe des orteils. Elle doit aussi apprendre les grands battements pour lesquels il faut envoyer la jambe bien droite en avant tout en restant sur pointe sur l'autre jambe. Et bien sûr, il y a aussi les pirouettes. La danseuse fait plusieurs tours en se maintenant gracieusement en équilibre sur une pointe. Finalement, lorsque son cerveau, ses facultés sensorielles et ses muscles travaillent ensemble, elle parvient à rassembler toutes les pièces du casse-tête.

Les chaussons à pointe ne sont pas rembourrés. La partie sur laquelle repose l'orteil, appelée renforcement, n'est qu'un embout dur et serré. Certaines danseuses garnissent leurs orteils d'un rembourrage, ce qui ne les empêche pas d'avoir les pieds douloureux et des ampoules aux orteils. Malgré cela, les jeunes filles rêvent de faire des pointes.

Si tu crois que les pieds des danseuses ont la vie dure, tu devrais voir leurs chaussons. Lors d'un entraînement intensif, une danseuse use ses pointes très rapidement. Certaines en usent deux ou trois paires lors d'une représentation. Chaque année, une compagnie de ballet dépense des milliers de dollars uniquement pour l'achat de chaussons à pointe.

muscle ou groupe de muscles n'est peut-être pas habitué à bouger de cette façon. Plus elle répète, plus son muscle s'habituera au mouvement. La douleur disparaîtra. C'est ainsi que le ballet change le corps d'une jeune danseuse.

L'étape suivante consiste à transformer ces gestes de base en mouvements gracieux. Le corps apprend à relier les gestes en une séquence de mouvements fluides et en apparence faciles. Pour y arriver, il faut répéter et répéter et cela se révèle parfois douloureux. «Danser peut faire très mal, dit Nina. Les mouvements les plus durs doivent paraître faciles. C'est exigeant.»

Le corps et l'esprit doivent travailler de concert pour danser le ballet idéal. Les muscles et jointures du corps sont pourvus de *propriocepteurs* qui permettent à Nina de savoir où est situé son corps dans l'espace et comment il bouge. Lorsqu'elle apprend une nouvelle suite de mouvements, elle les répète d'abord avec soin. Son cerveau enregistre la sensation propre à chaque mouvement ainsi que la façon dont le corps doit bouger pour relier ces mouvements entre eux. Lorsque Nina répète, les propriocepteurs envoient au cerveau des messages lui indiquant comment le corps exécute les mouvements. Le cerveau compare alors ces messages avec les images et les sensations que Nina éprouvait lorsqu'elle apprenait le mouvement. Le cerveau et le corps continuent ensuite cet échange de signaux jusqu'à ce que les mouvements soient devenus presque automatiques.

Nina se rappelle les efforts de son partenaire Erek Mukahamedov pour perfectionner le grand

Page de droite : *Après une longue journée de répétition, les pieds de Nina ont besoin d'un bon massage.*

PIROUETTER SANS TOMBER

Comment les danseuses gardent-elles leur équilibre lorsqu'elles pirouettent ? Tu as sans doute déjà pivoté sur toi-même pendant quelques secondes. Et tu es probablement devenu tout étourdi. Si tu avais continué à tourner aussi longtemps qu'une danseuse, tu te serais vite effondré.

La ballerine a une technique spéciale pour conserver son équilibre lors d'une pirouette. Elle choisit un point où fixer son regard. Lorsqu'elle commence son mouvement, sa tête reste immobile jusqu'à ce qu'elle ne puisse plus garder cette position. À la dernière seconde, elle tourne vivement la tête et fixe de nouveau le point choisi. Cette technique stabilise le champ visuel.

Ton corps s'y prend d'une façon semblable pour t'aider à garder ton équilibre lorsque tu tournes la tête. Sauf que ce sont tes yeux, et non ta tête au complet, qui font de légers mouvements saccadés. Pour observer ce réflexe, demande à un ami de pivoter lentement en regardant droit devant lui tout le temps. Au moment où il passera devant toi, tu verras ses pupilles bouger latéralement, par petits coups secs. Le cerveau sait que la tête tourne et dit à l'œil de rester immobile un bref instant avant de bouger rapidement un peu de côté, et ensuite, de s'arrêter encore, pour vite rectifier sa position, et ainsi de suite. Ces petits mouvements font que le champ visuel demeure stable, et empêchent ton ami de tomber.

Comment ton cerveau sait-il que tu tournes ? Tu penses peut-être que c'est parce que tes yeux lui disent que le monde tourne mais ce n'est pas ainsi que le cerveau obtient l'information. Pour le vérifier, ferme tes yeux et pose un doigt sur chaque paupière. Avec l'aide d'un ami, tourne lentement sur toi-même. Au bout de tes doigts, tu sentiras tes yeux bouger par petites secousses. Les organes qui détectent le mouvement se trouvent dans ton oreille interne. On les appelle *canaux semi-circulaires* et ils font partie de *l'appareil vestibulaire*.

Pour garder son équilibre lors d'une pirouette, la danseuse fixe un point. Au dernier instant de chaque révolution, elle tourne la tête d'un coup sec et fixe de nouveau le même point.

Page de droite : *Dans les coulisses, quelques minutes avant d'entrer en scène, Nina ajuste son chausson. Chaque détail doit être parfait.*

jeté. Il lui fallut huit longues années. Ce saut est très exigeant et ce ne sont pas tous les danseurs qui parviennent à l'exécuter. Erek s'élance et bondit et, à ce moment, il sait très bien où chaque partie de son corps se trouve dans l'espace. Au moment où la gravité veut le ramener au sol, il se cambre et lève les jambes. Son corps tombe, mais ses membres montent. On dirait qu'il est immobile dans les airs. Pour un bref et merveilleux instant, la gravité semble n'avoir aucune emprise sur lui.

Il faut des années pour maîtriser les techniques de ballet. Même les plus grands danseurs répètent chaque jour. Mais il y a plus. « Je répète pour atteindre la perfection, dit Nina, mais la perfection en soi est quelque chose de mort. Je dois ressentir de l'émotion. » Nina entend son maître lui parler des rôles qu'elle interprétera. Elle comprend qu'il ne suffit pas de *jouer* telle ou telle héroïne. Il faut qu'elle *vive* ses rôles.

Tirée de sa rêverie, Nina se prépare à retourner

Ci-dessous : *Une fois le rideau levé, Nina n'existe plus. Elle est Myrtha et exprime la joie et la tristesse par la perfection de la danse.*

chez elle pour dormir. Elle doit être prête pour la représentation du lendemain. « Myrtha est la reine des jeunes filles au cœur brisé. Elle est forte et pleine de rancœur. Une puissance émane de ce personnage. Je dois ressentir cela, pense Nina en s'endormant. Je dois *devenir* Myrtha. » Doucement, Nina pénètre dans le monde imaginaire où se déroule l'histoire de *Giselle*. Nina est devenue Myrtha. Dans son esprit, elle exécute tous les mouvements avec grâce et facilité.

Le lendemain soir, Nina a revêtu son costume et attend dans les coulisses. Plus que quelques minutes avant le lever du rideau. Les musiciens accordent leurs instruments. Dans la salle, une foule excitée bavarde. Impatiente, Nina fait les

cent pas. Une dernière fois, elle répète un mouvement particulier. Elle se concentre sur son personnage. Soudain la musique commence. Nina n'existe plus. Le rideau se lève et Myrtha fait son entrée sous les lumières colorées.

La foule tressaille de plaisir en voyant une silhouette blanche s'avancer sur scène. La première danseuse Nina Ananiashvili exécute un gracieux jeté. Son corps semble porté en avant par une vague imaginaire. Ses pieds effleurent le sol. Ses gestes sont frémissants, coulants. « Sur scène, j'oublie tout de moi-même et je danse entre les notes. » Le souffle coupé, la foule admire. C'est un moment exquis du ballet. La perfection en mouvement.

TES OREILLES FONT PLUS QU'ENTENDRE !

Sauf lorsque tu es couché, tu dois continuellement garder ton équilibre. Assis, en vélo ou sur des chaussons à pointe, tu défies la gravité qui cherche toujours à t'attirer vers le sol. Nous pouvons nous tenir debout grâce à notre équilibre.

Tiens-toi sur une jambe. Ton corps se balancera d'un côté et de l'autre. Ton cerveau compare les messages lui parvenant de divers endroits du corps et indique à tes muscles ce qu'ils doivent faire pour que tu restes debout.

Une ballerine en équilibre sur les orteils d'un seul pied peut tenir cette position pendant un long moment. Si tu regardes de plus près, cependant, tu verras que son corps effectue plusieurs petits redressements. Ce sont les seuls indices qui nous laissent deviner les nombreux signaux qui voyagent entre le cerveau, les organes sensoriels et les muscles.

Notre corps dispose de trois systèmes sensoriels nous permettant de garder notre équilibre. Le premier nous dit où se trouve notre corps dans l'espace et comment il se meut. Les muscles, tendons et jointures sont dotés de proprio-cepteurs qui détectent le mouvement et les changements de position. Sous forme d'influx électriques, des informations sont envoyées par les propriocepteurs le long d'un réseau de cellules nerveuses vers le *cervelet*, la partie du cerveau responsable de la coordination de tes mouvements.

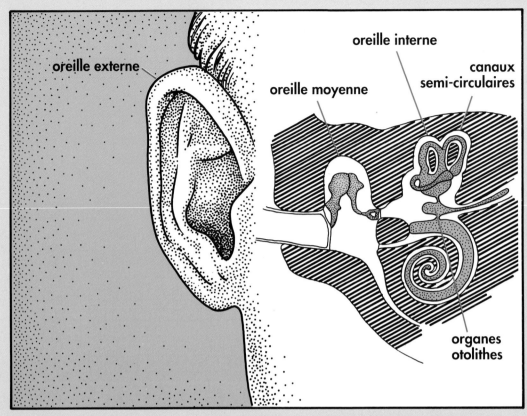

Peu de gens savent à quel point les oreilles sont importantes pour l'équilibre. Des organes sensoriels situés dans l'oreille interne indiquent au cerveau comment la tête bouge. Les canaux semi-circulaires détectent les mouvements comme les pirouettes et les otolithes détectent les mouvements en ligne droite.

Si tu demandais à un groupe de personnes de se tenir sur une jambe, tu verrais que certaines gardent leur équilibre plus longtemps que d'autres. Plus la communication est bonne entre les propriocepteurs et le cerveau, plus il est facile pour une personne de rester en équilibre. On pourrait dire qu'elle est « bien branchée ». En général, ces gens ont des aptitudes pour le sport. Mais l'entraînement peut aussi améliorer cette faculté. C'est ce que les danseurs font, par exemple.

La deuxième fonction sensorielle qui t'aide à garder ton équilibre est la vision. Pour le vérifier, tiens-toi sur une jambe, les yeux ouverts, aussi longtemps que tu le pourras. Ensuite, refais la même chose les yeux fermés. Tu auras alors beaucoup plus de difficulté à rester debout. Les danseurs utilisent leur vision pour garder leur équilibre lorsqu'ils font des pirouettes. Ils fixent un point au loin, comme s'ils s'y appuyaient pour rester debout.

Équilibre parfait ! Ce gymnaste utilise plusieurs parties de son corps pour conserver son équilibre. Les propriocepteurs, les tendons et les jointures disent au cerveau où se trouvent les membres et comment ils bougent. Les yeux observent les mouvements du monde extérieur et, dans l'oreille interne, des détecteurs évaluent les mouvements de la tête.

Le troisième système d'équilibre, le *système vestibulaire*, est vraiment extraordinaire. Loin à l'intérieur de chaque oreille se trouvent cinq petits organes qui travaillent ensemble pour détecter les mouvements de ta tête. Trois d'entre eux, les canaux semi-circulaires, perçoivent les mouvements de rotation (lorsque tu te tournes ou tu te penches). Les deux autres, les otolithes, détectent les mouvements en ligne droite. Ils servent aussi à détecter la gravité pour que tu saches dans quel sens se trouvent le haut et le bas. Si tu perds l'équilibre et que tu commences à tomber, le système vestibulaire dira à ton cerveau de quel côté se dirige ta tête. Le cerveau peut ainsi décider quel muscle bouger pour arrêter ta chute.

Ces trois systèmes — les propriocepteurs, la vue et l'oreille interne — travaillent de concert pour nous aider à garder notre équilibre. Mais dans certaines situations, il leur arrive d'être en conflit. Par exemple, dans la cabine d'un bateau qui tangue et roule en pleine mer, ton oreille interne perçoit les rotations de ta tête. Le cerveau reçoit le message de se préparer à une chute éventuelle. Tes propriocepteurs ressentent les mêmes balancements et avertissent, eux aussi, le cerveau. Cependant, la cabine semble stable et tes yeux ne rapportent aucun mouvement à ton cerveau qui, à la suite de ces messages contradictoires, conclut que quelque chose ne va pas.

Dans certains cas, le cerveau répond au message des yeux et réagit d'une façon telle que la personne semble avoir bu de l'alcool ou une autre substance pouvant dérégler l'oreille interne. Le cerveau ordonne alors à l'estomac de se débarrasser du poison et la personne vomit. C'est le mal de mer. Tandis que chez des individus aux propriocepteurs mieux développés, le cerveau se préoccupe moins du message des yeux, et ces gens sont moins susceptibles d'avoir la nausée. Un truc pour les autres : aller sur le pont et regarder l'horizon qui semble monter et descendre à mesure que le bateau tangue. Voyant cela, les yeux tomberont d'accord avec les autres sens. Plus de conflit. Plus de mal de mer !

UN NOUVEAU LOGICIEL POUR LE CERVEAU

As-tu jamais regardé un bébé qui apprend à marcher ? Il tombe souvent ou va dans la mauvaise direction. Mais bientôt, il marche sans même y penser, comme toi.

Pour la danseuse de haut niveau, les mouvements les plus difficiles semblent aussi naturels que marcher. Mais chaque geste est le fruit de plusieurs années d'entraînement. Sur scène, tout ce travail demeure invisible. La répétition et la détermination sont les clefs du succès.

Chaque mouvement est analysé, composante par composante. La danseuse répète et perfectionne l'exécution de chaque geste. Les propriocepteurs des muscles, les tendons et les jointures perçoivent les sensations reliées à ces gestes. Ils font leur rapport au cerveau qui enregistre l'information. La répétitrice s'assure que l'élève fait bien ses gestes et veille à ce qu'elle ne prenne pas de mauvaises habitudes.

Ensuite, la danseuse doit relier les gestes. Lorsqu'on regarde des

danseuses, il est facile de deviner laquelle n'a pas encore tout à fait appris une série de mouvements. Elle semble hésiter et penser au geste suivant. L'expérience lui donnera de la fluidité. Lorsque le corps réunira toutes les parties, le ballet ne sera plus qu'un seul mouvement gracieux et continu.

Mais pour cela, il faut répéter. Une fois que les propriocepteurs et le cerveau ont bien assimilé les pas, ils les associent en plus longues séquences. En premier, la danseuse essaie une suite de quelques pas qu'elle répète plusieurs fois. Son cerveau combine peu à peu les morceaux familiers en une seule et nouvelle sensation globale. Graduellement, la danseuse

À gauche : *Le cerveau travaille avec les détecteurs et les muscles pour faire de petits redressements permettant à la danseuse de rester longtemps sur pointes.*

Page de droite : *Une danseuse doit s'habituer à garder des positions et à exécuter des mouvements qui lui semblent peu naturels au début.*

regroupe des séquences de plus en plus longues et, bientôt, elle passe aisément de l'une à l'autre, sans y penser.

On enseigne aux élèves à concevoir le ballet comme un seul mouvement et non une série de pas. La danseuse qui répète assimile progressivement l'information nécessaire pour exécuter une chorégraphie. Peu à peu, elle sent qu'elle exécute bien ses mouvements.

Tous les artistes et les athlètes s'entraînent plus ou moins de cette façon, en décomposant le mouvement en petites parties. Un tireur à l'arc s'entraîne à tirer, à viser et à relâcher. Un pianiste répète des gammes, des arpèges, des accords et le phrasé des pièces. Un lutteur travaille les mises à terre et les prises. Un skieur assimile des techniques de virage et de saut. Ils apprennent chaque partie et comment les regrouper. Ensuite, ils passent le reste de leur carrière à essayer d'oublier que les petites parties existent individuellement!

Les athlètes et les artistes qui s'entraînent pendant des années s'aperçoivent que c'est leur corps — et non leur esprit — qui pense. C'est la même chose lorsqu'un guitariste dit: «Mes doigts jouent.» Ou lorsque les jambes d'un coureur le transportent sans qu'il y réfléchisse. Au point culminant d'une performance, l'esprit est silencieux. Le cerveau ne donne plus qu'un seul ordre: *Fais-le!* Et cela suffit. Le reste va de soi.

ENCORE PLUS LOIN

Si tu pouvais être champion de n'importe quelle discipline, laquelle choisirais-tu? L'escalade en rocher, le ski, la danse ou quelque chose d'autre? Et, selon ton choix, comment serait ton corps? Très musclé, comme celui d'un haltérophile? Ou mince comme celui d'un coureur?

Certaines personnes sont des athlètes-nés. Le nageur olympique canadien Alex Baumann a remporté deux médailles d'or en 1984. Il mesure environ 1,90 m et a de très grands poumons. En une seule inspiration, Alex fait entrer dans ses poumons 50 % plus d'air qu'une personne normale. Une personne née avec un gros cœur est aussi un athlète-né car son cœur pompe plus de sang et amène plus d'oxygène plus vite aux muscles. Certaines personnes naissent avec une « mémoire du corps » très aiguisée. Leurs détecteurs et leur cerveau communiquent bien entre eux et ils ont un bon équilibre naturel.

Peu importe ton corps, l'entraînement et la persévérance te mèneront plus loin qu'une simple habileté naturelle. La capacité maximum des poumons d'un athlète ne changera jamais, mais l'entraînement renforcera son diaphragme et ses muscles intercostaux afin que chaque inspiration soit la meilleure possible. De plus, les athlètes bien entraînés contrôlent bien leur corps. Ils décident du rythme de leur respiration suivant la quantité d'oxygène nécessaire et la durée de l'effort.

Le cœur d'un athlète devient plus puissant. Les parois musculaires du cœur s'épaississent, les cavités s'agrandissent et chaque contraction déplace plus de sang par battement qu'un cœur non entraîné. Il peut aussi battre à pleine capacité plus longtemps.

Quelque activité que tu fasses maintenant ou plus tard, tu peux compter sur une chose : si tu continues à t'exercer régulièrement, ton corps changera. Selon le sport que tu pratiques, certains muscles se développeront et ton corps aura une apparence différente.

Le grimpeur Tony Yaniro a des mains et des avant-bras très musclés. Sans doute parce qu'il les utilise pour grimper depuis quinze ans. Ses muscles volumineux sont parcourus de capillaires supplémentaires qui fournissent plus d'oxygène. Certains rochassiers font des élévations à la barre et d'autres exercices pour renforcer leur musculature. Mais la plupart sont d'avis que l'escalade même est la meilleure façon d'entretenir leurs muscles. Selon eux, un excès d'exercices de musculation alourdit leur corps. Il devient alors plus difficile de grimper. Ainsi tu ne trouveras pas beaucoup de rochassiers avec des torses de lutteurs.

Ci-dessus : Au début des années 1900, Saxon Brown, à 17 ans, « le garçon le plus fort d'Angleterre », tire une voiture... avec ses dents !

Page de gauche : Excellent sport pour le cœur et les poumons, le cyclisme fait partie de l'entraînement de beaucoup d'athlètes.

Maria Walliser met ses jambes à rude épreuve lorsqu'elle skie. Les muscles de ses jambes sont devenus gros et puissants. Elle s'entraîne toute l'année en faisant de la course pour garder ses jambes en forme et faire travailler son cœur et ses poumons. « La force, dit-elle, fait gagner des courses. »

La danseuse Nina Ananiashvili a un corps mince et flexible. Son sens de l'équilibre est très développé. Des années d'entraînement ont changé son corps. Ses jambes et ses pieds sont tournés vers l'extérieur, ce qui la fait ressembler un peu à un canard lorsqu'elle marche.

Le développement de ton corps dépend de l'usage que tu en fais. Différentes activités développeront différents muscles. Mais presque tous les sports ou toutes les activités physiques aideront ton cœur, tes poumons et ton corps au complet à mieux fonctionner.

En faisant travailler tes poumons et ton cœur, tu augmentes leur capacité d'aider tes muscles. Les

L'EXERCICE TRANSFORME TON CORPS

Quelle différence y a-t-il entre ton corps et une paire de chaussures ? Les chaussures s'usent avec l'usage alors que ton corps s'améliore avec l'usage ! Pour avoir des muscles forts, tu dois les faire travailler. Un entraînement avec des poids change même les cellules de tes muscles. Les cellules musculaires, appelées *fibres*, sont longues et minces. Avec l'entraînement, ces fibres s'épaississent et te donnent plus de puissance lorsqu'elles se contractent.

Si tu veux t'en tenir à des exercices de base à la maison, les bons vieux « push-up », les élévations à la barre et les abdominaux sont toujours une bonne recette. Même si tu commences avec un seul « push-up » par jour ! Bientôt, tu pourras en faire dix, puis vingt, puis cinquante !

Certains rochassiers exécutent une version plus difficile des élévations à la barre. Ils prennent une planche et y percent trois trous pour chaque main. Ils ne glissent que trois doigts de chaque main dans ces trous et font leurs élévations ainsi. Aïe ! C'est très dur mais cela rend les muscles de leurs mains assez forts pour qu'ils parviennent à s'agripper aux petites bosses et aux fissures dans la roche.

La course est une excellente activité pour le cœur et les poumons. Si tu es un débutant, commence lentement en marchant des distances de plus en plus longues. Peu à peu, franchis un quadrilatère au petit trot et, ensuite, marches-en trois. Répète l'exercice en allongeant progressivement la distance parcourue au trot. Le cyclisme et la natation sont aussi excellents pour le cœur et les poumons et ils ne sont pas aussi durs pour le corps que la course à pied.

L'escalade ou la danse sont non seulement bonnes pour le corps mais elles sont aussi très amusantes. Si tu continues d'être actif, tu seras surpris de constater comme ton corps changera avec le temps. Mais rappelle-toi : n'exagère pas. Commence par quelques exercices et, lentement mais sûrement, ajoutes-en d'autres. Ton corps deviendra plus fort.

Ci-dessus : Les yeux fermés, Maria Walliser fait une descente mentale. Son corps bouge d'avant en arrière tandis qu'elle imagine les virages parfaits.

Page de droite : Si tu commences jeune, ton corps apprendra à s'adapter à plusieurs situations. Peut-être seras-tu plus habile dans une discipline en particulier. Mais si tu travailles beaucoup, tu obtiendras d'étonnants résultats.

QUE D'EAU! QUE D'EAU!

Refroidissement du moteur! Ce coureur s'asperge la tête d'eau pour éviter un coup de chaleur.

Tu te sens peut-être bien solide mais ton corps est composé à 90 %... d'eau ! Lorsque tu fais de l'exercice, une certaine quantité de cette eau sert à refroidir le corps.

Certaines glandes sudoripares sous ta peau font sortir du liquide par tes pores. Ce liquide, c'est la sueur à la surface de ta peau. En s'évaporant, il refroidit et emporte avec lui la chaleur du corps.

Au cours d'une longue et intense séance d'exercice, ton corps sue beaucoup et perd donc beaucoup d'eau. Lors d'un marathon, par exemple, un coureur élimine plusieurs litres de sueur. Si une personne perd trop d'eau, elle devient déshydratée, ce qui peut s'avérer dangereux pour sa santé.

Les grosses chaleurs augmentent le danger de déshydratation. De plus, si le temps est très humide, il y a risque de coup de chaleur.

Un coup de chaleur est provoqué lorsque les muscles travaillent si fort et produisent tant de chaleur que le corps n'arrive plus à se refroidir. La sueur sur ta peau s'évapore très lentement car l'air déjà humide ne peut plus absorber d'eau. Ta température monte, tu deviens désorienté et irritable.

C'est pour cela que les athlètes s'assurent de bien s'hydrater. Si un match ou une compétition dure longtemps, ils boivent des liquides pendant l'événement. C'est ce que font, par exemple, les joueurs de hockey ou de football. Les marathoniens portent souvent un bandeau imbibé d'eau. Aux points de ravitaillement, ils mouillent aussi leur t-shirt et boivent un bon coup.

poumons d'un athlète entraîné peuvent transporter deux fois plus d'air par minute que ceux d'une personne qui ne s'entraîne pas. Le cœur d'un athlète est plus fort et pompe plus de sang en moins de temps. Parce qu'ils sont entourés d'un plus grand réseau de capillaires, les muscles du cœur reçoivent beaucoup d'oxygène rapidement. La même chose se produira chez toi si tu t'entraînes régulièrement.

Il n'est pas nécessaire d'être une grande vedette ou un champion olympique pour bien profiter de son corps. La plupart des gens pratiquent un sport pour le plaisir. Et même si tu ne marques pas de points à tous les coups, ton corps te sera quand même reconnaissant de l'avoir poussé à fournir son meilleur effort. Il peut rechigner un peu au début mais les courbatures feront vite place à une sensation de bien-être.

L'exercice peut même te sauver la vie. Chaque année, aux États-Unis, plus de 750 000 personnes meurent de maladies du cœur et du système circulatoire. Une activité régulière faisant travailler le cœur et les muscles, comme la course à pied, rend le cœur plus fort et change aussi l'équilibre chimique du corps afin de protéger les vaisseaux sanguins.

Par exemple, la substance appelée cholestérol est une partie importante de chaque cellule. Elle sert à transporter les acides gras, une source d'énergie pour tes cellules, dans le sang. Mais un excès de cholestérol peut occasionner des problèmes. S'il s'accumule sur les parois d'un vaisseau sanguin,

Page de droite: *L'effort est bénéfique et sain pour un corps actif.*

celles-ci deviennent plus épaisses et nuisent à la circulation du sang. Si certains vaisseaux sanguins allant au cœur deviennent trop étroits, le sang et l'oxygène arrivent difficilement à passer et il y a risque de crise cardiaque. Les chercheurs ont démontré que la course de fond est excellente : grâce à elle, le cholestérol est moins susceptible de s'accumuler dans les vaisseaux sanguins.

L'exercice est bon pour la santé mais l'exagération peut occasionner des problèmes. Attention aux coups de chaleur ! Si tu t'entraînes trop fort et trop longtemps lors d'une journée très chaude, la chaleur produite par tes muscles ne pourra s'échapper assez rapidement. Si ta température s'élève trop, tes mécanismes pour éliminer la chaleur (comme la transpiration) tombent en panne et tu peux être frappé d'un coup de chaleur. Les marathoniens s'assurent de boire avant et pendant la course pour éviter que leur corps ne se déshydrate ou ne surchauffe. De plus, ils s'aspergent d'eau qui, en s'évaporant, emporte la chaleur du corps. En général, si tu fais attention et si tu prends les précautions adéquates quand tu fais du sport ou des exercices, ton corps sera en meilleure santé.

Il est tout particulièrement important pour les gens dont le corps ne bouge pas facilement de faire le plus d'efforts possible. L'effort est bénéfique et sain pour un corps actif. C'est pour cela que les gens ayant un handicap physique tentent de rester aussi actifs que possible. Imagine que tu perdes une jambe ou un bras dans un accident. Jusqu'à très récemment, ta seule option aurait été de rester à la maison à ne pas faire grand-chose. Aujourd'hui, il y a de nombreux coureurs et skieurs avec une seule jambe. Des compétitions spéciales sont organisées pour ceux et celles qui ont un handicap physique et qui veulent dépasser leurs limites. Certains clubs sportifs organisent aussi des parties de basket-ball et d'autres activités pour des personnes en fauteuil roulant.

Les personnes avec un handicap physique font face à des défis chaque jour de leur vie. Certains veulent aller encore plus loin et deviennent

Page de droite : Une skieuse unijambiste fait une descente en slalom.

DES COUREURS DE FOND... EUPHORIQUES !

Pour plusieurs coureurs, courir devient un véritable besoin. Comme si, pour eux, la course était une drogue. Existe-t-il un lien entre la course et la drogue ? La réponse est oui. Lorsque nos muscles se fatiguent, un type de cellules nerveuses appelées récepteurs de la douleur envoient au cerveau un signal disant qu'une partie du corps fait mal. Si la douleur est trop forte, nous cessons d'utiliser le muscle pour qu'il puisse se reposer.

Le cerveau contient certaines substances chimiques appelées *endorphines* capables de contrôler l'information provenant des récepteurs de la douleur. Ces substances ressemblent à la morphine, un puissant calmant.

Lors d'une longue épreuve comme un marathon, le cerveau augmente sa production d'endorphines. Cette drogue naturelle réduit l'effet du signal envoyé des muscles par les récepteurs de la douleur. Le coureur ressent alors une diminution progressive de la douleur accumulée dans ses muscles. Lorsque la douleur disparaît, le coureur est alors parfois envahi d'un sentiment de bonheur, d'euphorie qui lui donne l'énergie pour continuer. Cela explique peut-être pourquoi les marathoniens peuvent courir si longtemps !

Lors d'une longue course, le cerveau produit un analgésique naturel : les endorphines.

Y A-T-IL DES LIMITES AUX RECORDS MONDIAUX ?

L'année : 1896. L'endroit : Athènes, en Grèce. L'événement : les premiers Jeux olympiques de l'ère moderne. Les coureurs sont prêts pour la course du 100 m. Le départ est donné ! Les coureurs s'élancent. L'Américain Thomas Burke gagne avec un temps de 12 secondes.

Depuis cette époque, aucun sprinter olympique n'a franchi cette distance aussi lentement. Les médaillés d'or du 100 m courent de plus en plus vite. Au saut en hauteur, les athlètes sautent plus haut chaque année. Pourquoi ? Comment ?

Parfois, c'est grâce à une technique nouvelle. En 1968, au saut en hauteur, l'Américain Richard Fosbury a remporté la médaille d'or et une réputation mondiale en créant une nouvelle façon de sauter. Au début, plusieurs se sont moqués de cette technique qui consiste à rouler par-dessus la barre. Mais dès 1980, treize des seize compétiteurs olympiques l'utilisaient !

L'entraînement constitue l'autre facteur pouvant améliorer les performances. Aujourd'hui, les athlètes utilisent l'informatique pour évaluer leur performance lors de l'entraînement. Les entraîneurs déterminent la fréquence, la durée et l'intensité des séances et quelles techniques l'athlète devrait employer.

C'est pour cela et grâce à d'autres facteurs que les athlètes s'améliorent d'année en année. Les vitesses sont plus grandes, les distances plus longues, les temps plus courts. C'est à se demander si les athlètes continueront leur progrès ou s'il y a une limite aux exploits du corps humain.

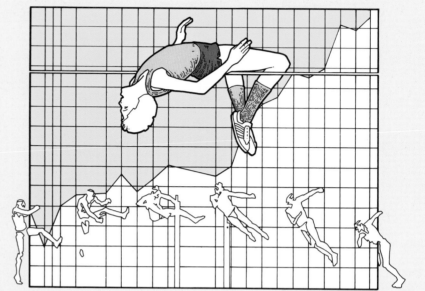

Aux Jeux olympiques de 1968, le sauteur américain Richard Fosbury a surpris les foules avec une nouvelle technique qui lui a valu une médaille d'or et un record mondial de saut en hauteur. L'illustration montre sa méthode au-dessus de l'ancienne façon de sauter.

ainsi une source d'inspiration pour tous. Terry Fox était un athlète extraordinaire. Même s'il était atteint d'un cancer, il a continué à courir. Lorsqu'il fallut amputer une de ses jambes, il décida de faire quelque chose pour encourager et aider les autres. Il choisit de courir d'un bout à l'autre de son pays natal, le Canada, qui s'étend sur toute la largeur d'un continent. Il se rendit à mi-chemin avant que le cancer ne le force à s'arrêter. Partout dans le monde, les gens se souviennent de Terry pour son exploit courageux.

Nous avons tous en nous un peu de Terry Fox. Enfant ou adulte, amateur ou champion, nous cherchons à dépasser nos limites et à toujours mieux faire. Et juste au moment où nous pensons ne jamais pouvoir y arriver, un monde nouveau s'offre à nous. Nous découvrons en nous de nouvelles forces, des possibilités nouvelles. Notre corps devient plus fort, notre esprit plus alerte. À chaque nouvelle étape, nous ressentons une joie profonde de voir nos efforts récompensés. Et c'est cela qui nous motive à aller de l'avant. À dépasser nos limites.

Page de droite : *La récompense. Après une longue et dure escalade, Tony Yaniro admire la vue spectaculaire.*

NAGE, PÉDALE ET PRÉPARE-TOI À COURIR !

Les coureurs de fond aiment courir. Mais beaucoup d'entre eux se blessent parce qu'ils courent trop.

Au cours des années 1980, les coureurs croyaient que la meilleure façon de se préparer à un marathon était de courir, courir et courir. Mais de plus en plus de gens remarquent que le corps profite d'un entraînement varié. De plus, le risque de blessure diminue si un athlète n'épuise pas son corps avec la course. Et celui qui n'est pas blessé peut mieux s'entraîner. En outre, l'entraînement varié fait de lui un meilleur coureur.

Frank Shorter a remporté le marathon olympique en 1972. Pour se préparer, il courait trois fois par jour. Après sa victoire olympique, il continua à courir mais deux fois par jour, ce qui est la pratique normale. Maintenant, il s'entraîne en courant le matin et a remplacé sa séance de course de l'après-midi par le vélo. Il dit se

sentir en meilleure forme de façon générale et qu'en plus, il court mieux.

L'entraînement typique d'un marathonien se compose de sprints et de course de fond. Les sprints sont très durs pour les jambes et il faut habituellement attendre une semaine avant de faire un autre entraînement aussi rigoureux. Frank saute alors sur son vélo, ce qui varie son entraînement et diminue les risques de blessure.

D'autres athlètes préfèrent nager. La natation est un excellent sport pour le cœur et les poumons et n'inflige pas aux jambes le même stress que la course. Certains athlètes font des longueurs de piscine. D'autres, comme la marathonienne Joan Benoit Samuelson, médaillée d'or de 1984, courent dans l'eau. Joan porte un gilet spécial qui

*À **droite**: La championne de ski Maria Walliser s'entraîne régulièrement en courant. Ici, elle combine course et sauts, une activité très exigeante pour le cœur et les jambes.*

garde son corps droit dans l'eau. Elle bouge de la même façon que lorsqu'elle court sur terre. La seule différence est que ses pieds ne frappent pas le sol. «Après une demi-heure dans l'eau, je me sens comme si j'avais couru 25 km», dit-elle.

Il fallut un accident pour convaincre Leslie Krichko, une athlète norvégienne, de changer ses habitudes. Leslie a remporté trois médailles olympiques en ski alpin. Comme plusieurs skieuses, elle s'entraînait en skiant l'hiver et en courant l'été. Mais en 1987, une blessure au pied l'empêcha de skier ou de courir. Toutefois, grâce à un *aquajogger* (pour la course à pied sous l'eau), inventé par le physiologiste Dick Brown, Leslie put s'entraîner et se qualifier pour l'équipe olympique de 1988.

La résistance de l'eau est dix fois celle de l'air. Il est donc facile d'y faire travailler ton cœur et tes poumons. En courant lentement dans l'eau, les athlètes font travailler leurs muscles en douceur. Les skieurs font les mêmes mouvements que lors d'une course de ski de fond. Ou alors, ils imitent les joueurs de football qui courent en posant les pieds dans les trous de pneus disposés au sol. La plupart des athlètes qui s'entraînent dans l'eau pratiquent aussi un sport sur terre, en particulier le cyclisme.

La course, le cyclisme et la natation sont les méthodes les plus populaires pour varier l'entraînement car elles font travailler le cœur et les poumons. Les athlètes lèvent aussi des poids afin de tonifier leur musculature. Lorsqu'ils retournent à leur discipline, les athlètes se sentent dégagés et en excellente forme.

L'entraînement varié libère l'athlète de sa routine et lui permet de garder la forme tout en diminuant le risque de blessure. Mais s'il se prépare pour une compétition, il doit avant tout s'entraîner dans sa discipline spécifique. Les muscles utilisés pour l'escalade en rocher se développent mieux lorsque l'athlète fait de l'escalade. Faire des élévations à la barre et des «push-up» dans un gymnase n'équivaut pas à escalader une montagne. Il est évident que certains muscles travaillent mais pas nécessairement tous ceux utilisés pour une ascension. Les joueurs de hockey patinent et jouent au hockey pour s'entraîner. Les nageurs nagent et les coureurs courent. Les athlètes ont tendance à s'entraîner en pratiquant leur propre sport.

Les coureurs qui se préparent pour le triathlon ont une très bonne raison de faire de la natation et du cyclisme. En effet, le triathlon est une épreuve olympique épuisante au cours de laquelle les participants parcourent de longues distances à la nage, à vélo et à pied. Certains trouvent que ces athlètes sont encore plus fous que les marathoniens!

Mais peut-être ces athlètes très sérieux redécouvrent-ils ce que tout enfant sait très bien : il est agréable de pratiquer plusieurs sports et d'essayer toutes sortes d'activités. C'est amusant! Et plus tu essaies, plus tu as de plaisir!

SOURCES

G   Gauche
D   Droite

Photographies du film *Extrêmes Limites*, **distribué par** *MacGillivray Freeman Films* :

Pages couvertures avant et arrière, jaquette, page de titre, sommaire et pages 4, 7, 8, 9, 11, 14, 17, 19, 21, 22G, 22D, 23, 28, 31, 32, 33, 35, 38, 39G, 41, 42, 43, 44, 45, 48, 49, 50, 53, 55, 57, 59, 60-61, 62, 63.

**Photographie du St. John Group :
Page 10G.**

**Photographie de Canapress Photo Service/
Dave Buston :
Page 26.**

**Photographies de Canada Wide Feature
Services Limited :
Pages 27, 30, 47, 54, 56.**

**Photographies de The Bettmann Archive, UPI,
et de la photothèque de Reuters :
Pages 5G, 5D, 10D, 15, 29, 39D, 51.**

À *droite :* *Un rappel pour Nina Ananiashvili.*

Page de gauche : *Erek Mukahamedov du Bolshoi en plein grand jeté.*

INDEX